Gerhard Oetzmann

Entwerfen von Programmen

Programmieren von Mikrocomputern

Die Bände dieser Reihe geben den Benutzern von Heimcomputern, Hobbycomputern bzw. Personalcomputern über die Betriebsanleitung hinaus zusätzliche Anwendungshilfen. Der Leser findet wertvolle Informationen und Hinweise mit Beispielen zur optimalen Ausnutzung seines Gerätes, besonders auch im Hinblick auf die Entwicklung eigener Programme.

Bisher erschienene Bände

Band 1 Einführung in BASIC
von W. Schneider

Band 2 Lehr- und Übungsbuch für die Rechnerserien cbm 2001 und cbm 3001
von G. Oetzmann

Band 3 BASIC für Fortgeschrittene
von W. Schneider

Band 4 Einführung in Pascal
von W. Schneider

Band 5 Lehr- und Übungsbuch für die Rechnerserien cbm 4001 und cbm 8001
von G. Oetzmann

Band 6 BASIC-Programmierbuch zu den grundlegenden Ablaufstrukturen der Datenverarbeitung
von E. Kaier

Band 7 Lehr- und Übungsbuch für Commodore-Volkscomputer
von G. Oetzmann

Band 8 Assembler-Programmierung von Mikroprozessoren (8080, 8085, Z 80) mit dem ZX 81
von P. Kahlig

Band 9 Einführung in die Anwendung des Betriebssystems CP/M
von W. Schneider

Band 10 Datenstrukturen in Pascal und BASIC
von D. Herrmann

Band 11 Programmierprinzipien in BASIC und Pascal
von D. Herrmann

Band 12 Assembler-Programmierung von Mikroprozessoren (8080, 8085, Z 80) mit dem ZX Spectrum
von P. Kahlig

Band 13 Strukturiertes Programmieren in BASIC
von W. Schneider

Band 14 Logo-Programmierkurs für Commodore 64 Logo und Terrapin LOGO (Apple II)
von B. Schuppar

Band 15 Entwerfen von Programmen
von G. Oetzmann

Band 16 Einführung in die Anwendung des Betriebssystems MS DOS
von W. Schneider

Band 17 Das UCSD p-System
von K. Buchkner/M. J. Cookson/A. I. Hinxman/A. Tate

Band 18 COBOL auf Mikrocomputer
von W. Kähler

Programmieren von Mikrocomputern Band 15

Gerhard Oetzmann

Entwerfen von Programmen

Strategien und Fallstudien
Beispiele in BASIC

Friedr. Vieweg & Sohn Braunschweig / Wiesbaden

Das im Buch enthaltene Programm-Material ist mit keiner Verpflichtung oder Garantie irgendeiner Art verbunden. Der Autor übernimmt infolgedessen keine Verantwortung und wird keine daraus folgende oder sonstige Haftung übernehmen, die auf irgendeine Art aus der Benutzung dieses Programm-Materials oder Teilen davon entsteht.

1985

Satz: Vieweg, Braunschweig

ISBN 978-3-528-04385-8 ISBN 978-3-322-85571-8 (eBook)
DOI 10.1007/978-3-322-85571-8

Vorwort

Der Büchermarkt bietet zahlreiche Werke zum Themenkreis „Einführung in die Programmierung". Diese Bücher vermitteln gewöhnlich die Regeln der jeweiligen Programmiersprache (BASIC, COBOL, FORTRAN, PASCAL,...). Der Gebrauch der Anweisungen wird oft anhand von Beispielen demonstriert, in denen der Lösungsweg als bekannt vorausgesetzt und in der jeweiligen Programmiersprache formuliert wird. Durchweg ausgeklammert bleibt das Problem, wie zu einer konkreten Aufgabenstellung ein Lösungsweg gefunden werden kann.

Wer schon programmieren kann, empfindet das kaum als Nachteil. Für ihn ist wichtig, die Regeln einer für ihn neuen Sprache zu lernen und die wesentlichen Unterschiede zu der bislang benutzten Programmiersprache zu erkennen. Viele Bücher geben ihm die dafür nötige Unterstützung.

Wenn hingegen jemand das Programmieren erst erlernen will und dabei Schwierigkeiten hat, liegt das meistens nicht an mangelnden Sprachkenntnissen. Selbst dann nicht, wenn er sich zunächst auf die Grundformen der wenigen wesentlichen Anweisungsarten beschränkt hat. Bevor er sein Sprachwissen anwenden kann, muß geklärt sein, auf welchem Weg, durch welche Folge von Einzelaktionen die Lösung einer aktuellen Aufgabe gefunden wird. Dieser Lösungsweg hängt allein von dem vorgegebenen Problem ab. Ihn zu entwerfen ist das eigentliche und oft das einzige Problem bei einer Programmentwicklung. Die anschließende Übertragung des Weges in eine Programmiersprache ist dagegen unkritisch.

Ziel dieses Buches ist, die Entwurfsphase zu unterstützen und Strategien zu demonstrieren bzw. zu erarbeiten, die sich auf andere Aufgabenstellungen übertragen lassen. Anhand von Fallstudien wird aufgezeigt, wie nach gewöhnlich mehreren Entwurfsstufen ein Lösungsweg gefunden und sprachneutral dargestellt wird. Die benutzten Beispiele, die typische Programmiersituationen repräsentieren, wurden allein unter didaktischen Gesichtspunkten gewählt. Daher sollte sich der Leser auch nicht fragen, ob ihm die einzelnen Programme nützen. Vielmehr sollte er sich die Vorgehensweise beim Entwerfen einprägen und versuchen, die Gedanken des Autors nachzuvollziehen. Wer sich die in diesem Buch aufgeführten Beispiele ehrlich erarbeitet und die verallgemeinernden Hinweise aufnimmt, sollte danach in der Lage sein, eigene Programme zu entwickeln.

Für die meisten hier erörterten Aufgaben ist zusätzlich ein BASIC-Programm angegeben. Diese Programme sind teils auf dem SHARP PC 1350, teils auf dem Commodore 64 erstellt worden. Spezifische Eigenarten dieser Rechner und ihres BASIC-Dialektes wurden weitgehend gemieden, so daß die Programme unverändert bzw. mit ganz geringfügigen Änderungen auch auf anderen PC's laufen werden.

Zu den angesprochenen Problemstellungen gibt es gewöhnlich mehrere richtige Lösungen. Auch die Vorgehensweise bei der Lösungsfindung ist nicht eindeutig. Daher wird mancher Leser zu einzelnen Punkten eine abweichende Meinung haben. Verlag und Autor wären dankbar, daraus resultierende Kritik und Anregungen zu erfahren.

Abschließend sei allen gedankt, die die Herausgabe dieses Buches unterstützt haben.

Hamburg, im Frühjahr 1985

Gerhard Oetzmann

Inhaltsverzeichnis

1 Einleitung

Um die charakteristischen Eigenheiten der Programmierung zu erkennen, sollten wir uns in Gedanken in das vorelektronische Zeitalter zurückversetzen.

Nehmen wir an, zu Punkten der (x,y)-Ebene, deren Koordinaten x und y bekannt sind, soll der Abstand d zum Ursprung berechnet werden (s. Bild 1.1). Zur Bewältigung dieser Aufgabe möge ein extrem zuverlässiger Mitarbeiter zur Verfügung stehen, der lesen und schreiben kann und die Grundrechenarten beherrscht.

Wenn die Berechnung für eine Vielzahl von Punkten erfolgen soll, wird es sich lohnen, für den erwähnten Mitarbeiter einmal eine präzise Arbeitsanweisung zu erstellen und ihm die Durchführung der Berechnungen zu übertragen. Zum Festhalten von Zwischenergebnissen werden Tafel, Kreide und Schwamm benutzt. Die Punktkoordinaten x und y denken wir uns als Zahlenpaare auf einer Rolle stehend. Für die Endergebnisse liege eine weitere, leere Rolle bereit.

Die Arbeitsanweisung hätte dann etwa die in Bild 1.2 dargestellte Form. Hierzu einige Bemerkungen! Auf den ersten Blick scheinen die Formulierungen sehr ausführlich. Beim zweiten Hinsehen ist jedoch erkennbar, daß die Anweisungen noch wesentlich detaillierter und damit länger sein müßten, wenn der ausführende Mitarbeiter gar nicht mit-

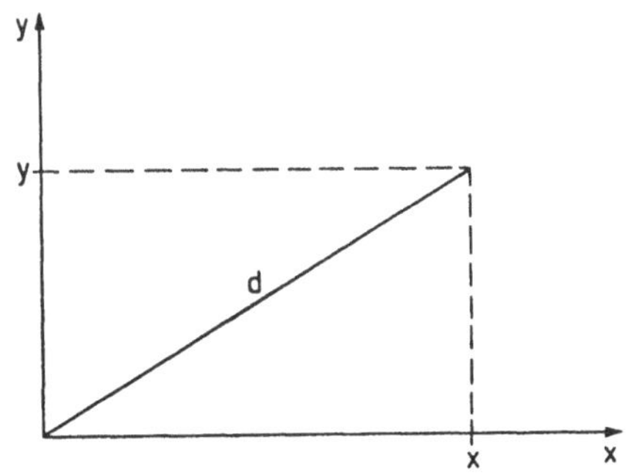

Bild 1.1
Abstand vom Ursprung

Bild 1.2
Lies ein Zahlenpaar von der Eingangsrolle, notiere die erste Zahl auf Platz X, die zweite auf Platz Y.
Hole den momentanen Wert von Platz X, quadriere den Wert, notiere das Ergebnis auf Platz A.
Hole den momentanen Wert von Platz Y, quadriere den Wert, notiere das Ergebnis auf Platz B.
Hole die momentanen Werte von den Plätzen A und B, addiere die Werte, notiere das Ergebnis auf Platz C.
Hole den momentanen Wert von Platz C, ziehe die Quadratwurzel, notiere das Ergebnis auf Platz D.
Schreibe die momentanen Werte der Plätze X, Y und D in eine Zeile der Ausgangsrolle.

Bild 1.2 Abstandsberechnung, Version a

denkt. So müßte z.B. zur Verwaltung der Tafelplätze (Bild 1.3) noch einiges gesagt werden, und schließlich ist es nur Konvention und keineswegs selbstverständlich, die Arbeitsanweisung von oben nach unten abzuarbeiten.

Unser Ziel ist, Arbeitsanweisungen für einen Computer zu entwerfen. Dieser „Mitarbeiter" zeigt ein ganz extremes Verhalten: Er tut wörtlich das, was ihm gesagt wird, kein bißchen mehr, aber auch nicht weniger.

Die Arbeitsanweisungen für einen Computer müssen in einer ihm verständlichen Programmiersprache (BASIC, FORTRAN, PASCAL, ...) formuliert werden. Diese Sprachen stimmen in ihren grundlegenden Konventionen und den vorhandenen Anweisungsarten weitgehend überein. In Anlehnung daran ließe sich die Arbeitsanweisung für die Abstandsberechnung kürzer formulieren, wie Bild 1.4 zeigt.

Die Übertragung einer solchen Arbeitsanweisung in ein sog. Quellenprogramm (s. Bild 1.5) bedeutet keine besondere Schwierigkeit. Es gilt nur, die Regeln der gewählten Sprache einzuhalten. Sie zu lernen ist eine reine Fleiß- und Trainingsangelegenheit. Aber trotz großer Sorgfalt schleichen sich selbst bei erfahrenen Programmierern Fehler ein.

Name	Wert
X	
Y	
A	
B	
C	
D	

Bild 1.3 Plätze für die Zwischenergebnisse bei der Abstandsberechnung

Wiederholen, solange Daten da:

Eingabe: X und Y
$D = \sqrt{X^2 + Y^2}$
Ausgabe: X,Y,D

Bild 1.4 Abstandsberechnung, Version b

```
1Ø REM          BASIC
2Ø REM  ENDE RECHNERSPEZIFISCH
3Ø INPUT "X,Y"; X,Y
4Ø D=SQR(X↑2+Y↑2)
5Ø PRINT "PUNKT"; X; Y; "ABSTAND="; D
6Ø GOTO 3Ø
```

```
C                 FORTRAN
C  KANAL 3 = DRUCKER, KANAL 5 = TELETYPE
3     WRITE (5,8)
8     FORMAT (/1X,'GIB X,Y')
      READ (5,7,END=1) X,Y
7     FORMAT (2F1Ø.Ø)
      D=SQRT(X**2+Y**2)
      WRITE(3,4) X,Y,D
4     FORMAT (1X,'PUNKT',2E12.4,'ABSTAND=',E12.4)
      GOTO 3
1     STOP
      END
```

Bild 1.5 Abstandsprogramme

Diese werden teils von Hilfsprogrammen entdeckt und teils durch systematisch angelegte Testläufe lokalisiert. Der hierfür erforderliche Aufwand steigt beträchtlich, wenn schon der Entwurf des Lösungsweges Fehler enthält. Daher lohnt sich eine sorgfältige Planung des Lösungsweges. Um bei dieser kreativen Entwurfsarbeit noch nicht an die vielen Regeln der Sprache denken zu müssen, in der das Programm letztlich codiert werden soll, wird der Weg sprachneutral dargestellt.

Ab Kapitel 5 des Buches wird an zahlreichen Problemstellungen wachsenden Schwierigkeitsgrades demonstriert, wie die jeweiligen Lösungswege schrittweise konzipiert werden können. Der Leser wird ständig aufgefordert, die Lösung oder Teile davon selber zu finden. Er sollte sich intensiv darum bemühen, seinen Vorschlag überdenken und erst danach in der Lektüre fortfahren.

Vorangestellt sind drei Kapitel, in denen einige grundlegende EDV-Begriffe kurz erläutert, die Vorgehensweise und die Arbeitsabschnitte bei der Entwicklung eines Programms geschildert sowie die Darstellungstechnik für Lösungswege erklärt werden.

2 Grundlegende DV-Begriffe und -Konventionen

Beim größten Teil der Leser darf heute unterstellt werden, daß bereits Kontakt mit Computern bestand. Wer den prinzipiellen Aufbau dieser Geräte und die grundlegenden Fachausdrücke kennt, darf dieses Kapitel flüchtig durchgehen. Allerdings sollte er die generellen Hinweise aus dem Abschnitt 2.4 zur Kenntnis nehmen.

Hier sollen in erster Linie den EDV-Neulingen einige Erläuterungen zum Aufbau und zur Arbeitsweise von elektronischen Datenverarbeitungsanlagen gegeben werden. Dabei orientieren wir uns an kleineren Anlagen, wie sie in vielen Wohnungen, Schulen und an zahlreichen Arbeitsplätzen anzutreffen sind. Wegen der Zielsetzung des Buches kann hier nur eine knappe Darstellung erfolgen. Eine ausführliche Einführung in die EDV findet der Leser in der entsprechenden Spezialliteratur, z.B. in [5] oder [11].

Der nachstehend am häufigsten auftretende Begriff ist **DENKPAUSE**. Wenngleich er nicht EDV-spezifisch ist, wollen wir ihn kurz erläutern: Gemeint ist eine Pause *zum* Denken und nicht eine Pause *vom* Denken.

2.1 Rechnerkomponenten

In Kapitel 1 haben wir eine Serie von Berechnungen von einem Mitarbeiter, sozusagen einem menschlichen Rechner, ausführen lassen. Wenn diese Arbeit von einem maschinellen Rechner, einem Computer, erledigt werden soll, muß dieser über einige grundlegende Fähigkeiten verfügen, die wir jetzt zusammentragen wollen.

Als erstes muß er sich bis zum Ende der gesamten Bearbeitung die Arbeitsanweisung – hier Programm genannt – merken können und natürlich auch die Zahlen, die im Laufe eines Durchganges als Zwischenergebnisse auftreten. Diesem Zweck dient ein **Arbeitsspeicher**. Halten wir fest: Der Arbeitsspeicher enthält Programm und Daten.

Was geschieht nach Abschluß der Arbeit mit dem Programm? Es muß gespeichert bleiben, damit es zu einem späteren Zeitpunkt erneut verwendet werden kann. Es darf aber nicht im Arbeitsspeicher aufgehoben werden. Da dieser nur eine begrenzte Kapazität hat, stünde der Computer insgesamt nur für wenige Aufgaben zur Verfügung. Deshalb werden zur langfristigen Speicherung von Programmen externe **Massenspeicher** eingesetzt. Wenn das Programm auch auf einem Massenspeicher steht, kann die im Arbeitsspeicher befindliche Version nach dem Ende der Ausführung vernichtet werden.

Auf den Massenspeichern werden neben Programmen auch Datenbestände gespeichert, der gemeinsame Oberbegriff dafür ist **Datei**. Je nach der erforderlichen Zugriffsart dienen als Datenträger einfache Tonkassetten, DV-Magnetbänder, Disketten oder DV-Magnetplatten. Für jedes dieser Medien gibt es spezielle Schreib-Lese-Geräte. Bänder und Platten werden allerdings nur bei mittleren und großen Rechenanlagen verwendet.

Von unserem in Kapitel 1 angesprochenen Mitarbeiter hatten wir die Beherrschung der Grundrechenarten verlangt. Natürlich muß auch ein Computer diese Operationen ausführen können. Das geschieht im **Rechenwerk**, das auch zahlreiche andere elementare Maschinenbefehle in Aktionen umsetzt. Rechenwerk, Arbeitsspeicher und das **Steuerwerk**, das den internen Ablauf koordiniert, sind die wesentlichen Teile der **Zentraleinheit** eines Computers.

Ebenso wie der menschliche Rechner aus Kapitel 1 muß eine Rechenanlage Ergebnisse ausschreiben können, daher lassen sich durchweg **Drucker** anschließen. Bei größeren Rechnern ist der Durchsatz dieser Ausgabegeräte so enorm, daß sie meist als Schnelldrucker bezeichnet werden. Moderne Rechner aller Größen verfügen daneben oft über viele Bildschirmarbeitsplätze. Falls die aktuelle Anwendung kein Ausschreiben der Ergebnisse erfordert, werden diese auf einem **Bildschirm** angezeigt.

Programme und Daten müssen vom Benutzer in die Rechenanlage eingegeben werden. Dafür sind Eingabegeräte erforderlich. Meistens wird eine **Tastatur** verwendet und auf einem Bildschirm (z.T. auf einem Fernseher) zur Kontrolle angezeigt, was eingegeben wurde. Für spezielle Anwendungen stehen spezielle Eingabegeräte zur Verfügung, wie z.B. Joysticks, Klarschriftleser, ...

Die angesprochenen Rechnerkomponenten (s. Bild 2.1) sind bei kleineren Anlagen für den Benutzer oft nicht als separate Teile erkennbar, selbst wenn sie alle vorhanden sind. Es gibt tragbare Modelle, bei denen alles gemeinsam in einem Gehäuse untergebracht ist.

Größere Rechenanlagen zeichnen sich zunächst durch eine höhere Leistungsfähigkeit der Zentraleinheit aus. Sie verfügen oft über eine umfangreiche Peripherie. Neben den von uns angesprochenen Geräten können Spezialgeräte für besondere Anwendungen angeschlossen werden, z.B. für die Ein- und Ausgabe von Zeichnungen oder die Sprachausgabe. Schließlich sei noch die **Konsole** erwähnt, die meist baugleich mit einem gewöhnlichen, interaktiven Arbeitsplatz ist, aber ausschließlich zur Überwachung der Rechenanlage dient.

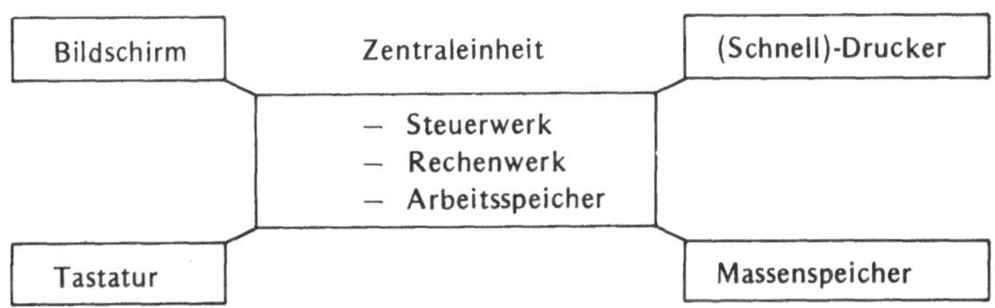

Bild 2.1 Wesentliche Komponenten von EDV-Anlagen

2.2 Software

Der Oberbegriff für die in Abschnitt 2.1 zusammengestellten Rechnerkomponenten ist **Hardware**. Sie stellt für sich allein nur tote Materie dar. Um damit nutzbringend arbeiten zu können, sind Programme, sog. **Software** nötig. Hier sind zwei Kategorien zu unterscheiden:

1. Allgemeine Dienstleistungsprogramme
2. Anwendungsbezogene Programme

Die Dienstleistungsprogramme werden zusammen mit der Rechenanlage erworben. Diese Programme bilden in ihrer Gesamtheit das **Betriebssystem** der Anlage. Sehen wir uns typische Aufgaben an, die von der Betriebssoftware erledigt werden.

Bild 1.5 zeigt Programme für die Abstandsberechnung. Nach unseren bisherigen Erläuterungen müßte eines dieser Programme in den Arbeitsspeicher geladen und abgearbeitet werden, wenn der Computer die Arbeit des menschlichen Rechners aus Kapitel 1 übernehmen soll.

Der Speicher besteht aus einer immensen Anzahl von **Bits**. Das sind Speicherzellen, die zwei Zustände annehmen können, die gewöhnlich als 0 und 1 bezeichnet werden. Die Programme aus Bild 1.5 enthalten aber viele andere Zeichen. Das Speichern eines Programmes erfordert daher zumindest noch einen Wechsel der Darstellungsform. Darüberhinaus ist eine Auflösung in die elementaren Kommandos aus der **Maschinensprache** der Rechenanlage erforderlich. Die einzelnen Befehle dieser Sprache sind von äußerst geringer Leistung, z.B.:

- addiere eine Zahl zu einer anderen Zahl
- bringe eine Zahl aus dem Rechenwerk in den Arbeitsspeicher.

Daher verstecken sich hinter der Vorschrift, berechne $\sqrt{x^2 + y^2}$, eine beträchtliche Anzahl elementarer Kommandos.

Der erforderliche Übergang von der externen in die interne Darstellungsform wird von Spezialprogrammen aus dem Betriebssystem abgewickelt. Je nach ihrer Arbeitsweise heißen sie **Compiler** oder **Interpreter**. Sie sind Bindeglied zwischen einer Programmiersprache und einem bestimmten Rechnertyp.

Bedingt durch die geschichtliche Entwicklung, aber auch durch sachliche Gründe, gibt es viele Programmiersprachen. BASIC, COBOL, FORTRAN, PASCAL sind einige Beispiele. Größere Rechenanlagen verfügen über Compiler für jede dieser Sprachen. Auch die kleineren Computer werden in zunehmendem Maße mehrsprachig. Es liegt auf der Hand, daß diesen Rechnern mitgeteilt werden muß, ob beispielsweise der BASIC-Compiler oder der FORTRAN-Compiler gestartet werden soll. Diese Information wird vom **Monitor** entgegengenommen, einem weiteren Teil des Betriebssystems. Der Monitor kann mehr als nur Compiler aufrufen. Er bildet die hierarchisch höchste Ebene im Betriebssystem. Wenn er vom Benutzer ein korrektes Monitorkommando erhält, startet er das zuständige Serviceprogramm, z.B. einen Compiler. Dieses erbringt seine Leistung und gibt anschließend die Kontrolle an den Monitor zurück, der auf das nächste Kommando des Benutzers wartet.

Diese kurzen Ausführungen zum Betriebssystem sollen genügen. Der Masse der Anwender, insbesondere den Computer-Neulingen ist ohnehin zu raten, sich von der Kommandosprache ihres Rechners zunächst nur das notwendige Minimum anzusehen und rezeptiv anzuwenden. Mit zunehmender Erfahrung wächst automatisch das Verständnis für das Betriebssystem, und man kann sich nach und nach die angebotenen Dienstleistungen erschließen.

Anwendungssoftware kann man kaufen oder selber erstellen. Als **Quellenprogramm** bezeichnet man die in einer (höheren) Programmiersprache formulierte Version. Der Besitz eines Quellenprogrammes gewährleistet alle Nutzungsmöglichkeiten. Man kann das Programm einsetzen und bei Bedarf korrigieren oder erweitern. Ein ladefähiges Programm gestattet als Maschinensprachenfassung dagegen nur den Einsatz.

Insbesondere kann nicht überprüft werden, ob es sinnvoll strukturiert ist. Für reine Anwender bedeutet das keinen Nachteil. Manchem Softwareanbieter mag es sogar lieb sein, wenn er seine mit heißer Nadel gestrickten Quellenprogramme nicht offenlegen muß. Demjenigen, der lernen will, ordentlich zu programmieren, wäre es jedoch eine große Hilfe, sich an professionell erstellter, vorbildlicher Software orientieren zu können.

2.3 Programmiersprachen

Jeder Rechner versteht letztlich nur seine eigene **Maschinensprache**. In dieser Sprache zu programmieren ist jedoch unzumutbar, hieße es doch, eine fast endlose Kette von Nullen und Einsen zu schreiben.

Die nächsthöhere Sprachebene ist der **Assembler**. Assemblerprogramme erfordern viel Schreib- und auch Denkarbeit, aber immerhin werden die Befehle in lesbarer Form geschrieben. Die Anzahl der zu codierenden Anweisungen liegt in der Größenordnung der Anzahl daraus resultierender Maschinenbefehle. Diesem hohen Aufwand steht der Vorteil gegenüber, die Fähigkeiten der speziellen Rechenanlage voll ausnutzen zu können; denn jeder Maschinenbefehl läßt sich durch einen äquivalenten Assemblerbefehl direkt ansprechen. Betriebssysteme werden gewöhnlich in Assembler programmiert.

Wegen der totalen Ausrichtung auf eine Maschinensprache laufen Assemblerprogramme immer nur auf einem Rechnertyp, bestenfalls auf einer Rechnerfamilie. Daher wird die überwiegende Anzahl der Anwendungsprogramme in **höheren Programmiersprachen** erstellt. Vom Konzept her sind diese Sprachen (BASIC, FORTRAN, PASCAL, ...) rechnerunabhängig, so daß sich die Programme problemlos auf andere Rechner übernehmen lassen sollten. Die Realität sieht anders aus. Selbst FORTRAN-Programme müssen mitunter angepaßt werden, obwohl seit Jahren eine allgemein akzeptierte Sprachnorm existiert. Bei BASIC-Programmen muß fast immer mit beträchtlichem Anpassungsaufwand gerechnet werden; denn der gemeinsame Kern der verschiedenen BASIC-Dialekte ist recht bescheiden.

In ihren wesentlichen Grundzügen stimmen die höheren Sprachen dennoch weitgehend überein. Die Befehle eines Programmes werden vom Programmanfang her der Reihe nach abgearbeitet. Von dieser natürlichen Ausführungsreihenfolge wird bei Bedarf mit Hilfe von **Steuerungsanweisungen** abgewichen. Für den Datenaustausch zwischen Programm und Benutzer stehen **Lese- und Schreibanweisungen** zur Verfügung. Die interne Darstellung von Zahlen kann durch **Deklarationsanweisungen** festgelegt werden.

Die Speicherung der Daten erfolgt in sog. **Variablen**. Diese können mit und ohne Index geschrieben werden. Einfache und zweifache Indizierung sind verbreitet, einige Sprachen lassen längere Indexlisten zu.

Bild 2.2 zeigt eine symbolische Erläuterung des Variablenbegriffs. Jeder Variablen ist ein bestimmtes Stück des Speichers zugeordnet. Hier kann zu jeder Zeit genau ein Wert gespeichert sein. In der einfachsten Form ist dieser Platz, wie die im Bild 2.2 gezeigten Kästchen, immer gleich groß. Die gewöhnliche Variable X, das Vektorelement U(3) und das Matrixelement M(3,2) belegen dann gleich viele Bits.

Mit einer **Wertzuweisung** oder einer Leseanweisung kann einer Variablen ein Wert zugeordnet werden. Der dort befindliche Vorgängerwert geht verloren – das Kästchen wird herausgezogen und ausgeleert, bevor der neue Wert hineingetan wird.

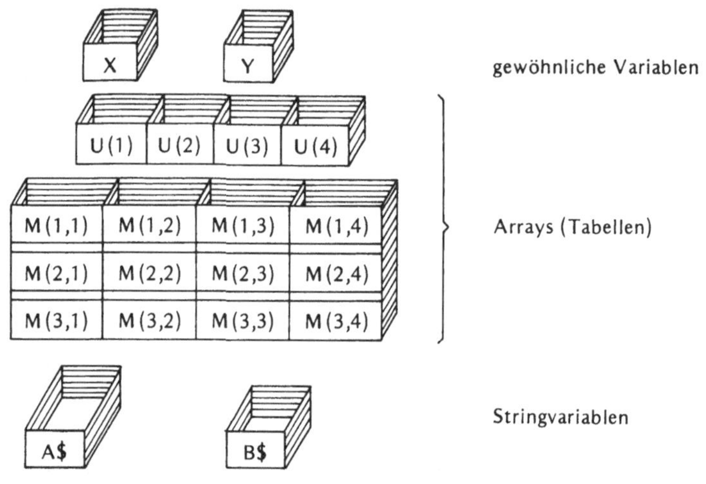

Bild 2.2 Zum Variablenbegriff

Stringvariablen, in Bild 2.2 als A$ und B$ bezeichnet, werden grundsätzlich genau wie numerische Variablen verwaltet. Sie dienen zur Aufnahme von Zeichenketten und haben meistens eine individuelle Länge. Mitunter werden Stringvariable auch indiziert, oft darf eine Maximallänge nicht überschritten werden.

2.4 Kommunikation

In diesem Abschnitt wollen wir uns dem Dialog zwischen Benutzer und Rechenanlage zuwenden, der mit dem Einschalten der Anlage beginnt. Je nach Hersteller ist nur ein Schalter zu betätigen oder ein bestimmtes Ritual einzuhalten. Hierbei passiert mehr als das Bereitstellen von Versorgungsspannung. Das Betriebssystem wird gestartet. Der Rechner beginnt beim logisch ersten Befehl aus diesem Bündel von Dienstprogrammen.

Wenn der Benutzer ein **Monitorkommando** eingeben soll, wird er durch ein bestimmtes Zeichen, Prompt genannt, dazu aufgefordert. Derartige Kommandos beginnen mit einem Kennwort, dem eventuell erläuternde Parameter folgen. In der Regel sind strenge Formvorschriften einzuhalten. Der Benutzer schreibt das Kommando auf der Tastatur, welche Tasten er betätigt hat wird ihm auf seinem Bildschirm angezeigt. Bei Bedarf kann korrigiert werden. Erst wenn man das Kommando für korrekt hält, übergibt man es durch Betätigen einer Spezialtaste, das ist oft die RETURN-Taste, an den Monitor. Dieses Programm befand sich seit der Anzeige des Prompts im Wartezustand. Jetzt wird die Ausführung fortgesetzt. War das Kommando korrekt, tritt die beabsichtigte Wirkung ein. Sonst erfolgt eine Fehlermeldung, und der Benutzer muß die Eingabe wiederholen.

Nach dem gleichen Prinzip läuft die **Eingabe** für viele andere Programme ab, und zwar sowohl für Betriebs- als auch für Anwendungsprogramme. Der Benutzer wird zur Eingabe aufgefordert, und das Programm wartet, bis die Eingabezeile durch die erwähnte Spezialtaste abgeschlossen wird. Mit Lesen und Eingabe ist übrigens der gleiche Vorgang gemeint.

Bei Anwendungsprogrammen sollte dem Benutzer durch eine kurze **Eingabeanforderung** mitgeteilt werden, welche Eingabe erwartet wird. Dazu stellt man im Programm jedem Lesebefehl einen erläuternden Schreibbefehl voran. Dieses gilt als generelle Festlegung für den Rest des Buches. Bei der Darstellung von Lösungswegen werden wir diese Erläuterungen weglassen. Gleichwohl sollten sie beim Codieren der Quellenprogramme stets hinzugefügt werden.

Die **Ausgabe** eines Programmes wird in der gleichen Weise auf den Bildschirm gebracht wie die soeben angesprochenen Erläuterungen. Der Programmierer muß sicherstellen, daß der Benutzer die angezeigten Dinge leicht und zweifelsfrei versteht. So geht es nicht an, daß etwa ein Berechnungsprogramm nur einige Zahlen auf den Bildschirm bringt. Auch die Bedeutung der Zahlen, eventuell noch deren Einheit muß mit ausgegeben werden. Bei den nachfolgenden Lösungswegen werden wir auch diese ausschmückenden Teile weglassen. Es gilt wiederum die generelle Absprache, daß sie bei der Codierung aufgenommen werden müssen.

Standardmäßig werden Protokolle der Tastatureingaben und die von Programmen veranlaßten Bildschirmausgaben Zeile für Zeile untereinandergeschrieben. Wenn der untere Bildschirmrand erreicht ist, rollt das Bild so weit wie nötig nach oben, so daß die älteren Zeilen verlorengehen. Das ist bei der Konzipierung von Programmen ggf. zu berücksichtigen. Werden die Zeilen für längere Zeit benötigt, muß die Ausgabe auf den Drucker gelegt werden.

Viele Unterhaltungsprogramme arbeiten mit festen statt mit rollenden Bildern, aber auch für manche ernsthaften Anwendungen kann die Verwendung sog. **Masken**, d.h. feststehender Ein- und Ausgabezonen erforderlich sein. Im Rahmen der höheren Programmiersprachen gelingt das, wenn die Cursorsteuertasten programmierbar sind. Der **Cursor**, meist ein heller Lichtfleck, zeigt an, welche Stelle des Bildschirms als nächste beschrieben wird. Mit Steuertasten kann der Benutzer den Cursor beliebig bewegen. Die Wirkung dieser Tasten muß vom Programm simuliert werden können, um anstelle der rollenden eine fest positionierte Ausgabe programmieren zu können.

3 Phasen der Programmentwicklung

In diesem Kapitel soll der Werdegang von Programmen in groben Zügen erörtert werden.

Jedem Programm liegt eine bestimmte Aufgabe zugrunde. Ziel der Programmentwicklung ist, die Anweisungen zu finden und in den Rechner einzugeben, die diese Aufgabe lösen. Dabei reicht es nicht zu sagen, *welche* Anweisungen nötig sind. Die heutigen Rechner arbeiten ein vorgelegtes Programm von dem markierten Programmanfang her Befehl für Befehl der Reihe nach ab. Deshalb kommt es bei der Programmierung vor allem darauf an, die *Reihenfolge* zu überlegen, nach der die Befehle ausgeführt werden müssen.

Um den Weg von der ersten Idee bis zum fertigen Programm möglichst effektiv zu bewältigen, empfiehlt es sich, in Etappen vorzugehen. Dabei beschränken wir uns auf die wesentlichen Entwicklungsphasen, die auch schon bei kleineren Programmen erkennbar sind:

Problemdefinition
Entwurf des Lösungsweges
Codierung des Programms
Programmtest

3.1 Problemdefinition

Zu Beginn der Programmentwicklung wird die Aufgabenstellung präzise festgelegt. Dieser Hinweis klingt wie eine Binsenweisheit. Die Beobachtung von Studenten, Berufsanfängern, ja selbst erfahrenen Programmierern zeigt jedoch, daß keine Regel so selbstverständlich ist, daß man gegen sie nicht doch verstoßen könnte. So manches Mal wird schon konkret programmiert, obwohl die Programmvorgabe noch ziemlich lückenhaft ist. Die Konsequenz sind mehr oder weniger umfangreiche Programmänderungen, überhöhte Programmierkosten, Terminüberschreitung oder doch zumindest Zeitverluste. Deshalb muß zuerst die Programmleistung festgeschrieben sein, erst danach darf mit der Realisierung des Programms begonnen werden.

Folgende Fragen sind in der Problemdefinition zu beantworten:

	Beispiel:
– Für welche Aufgabenklasse ist das Programm gedacht?	$x^2 + px + q = 0$ lösen
– Was soll das Programm ausgeben?	Beide reellen Lösungen
– Welche Ausgabevarianten sind vorgesehen?	Fehlermeldung, falls keine reelle Lösung

– Welche Eingabegrößen beschreiben den konkreten Einzelfall? — p, q

– Nach welchen Formeln bzw. welcher Verarbeitungslogik werden die Ausgabegrößen aus den Eingabegrößen ermittelt? — $x_{1,2} = -\frac{p}{2} \pm \sqrt{\frac{p^2}{4} - q}$

3.2 Entwurf des Lösungsweges

Nachdem die genaue Aufgabenstellung vorliegt, d.h. die geforderte Programmleistung und die Verarbeitungslogik bekannt sind, beginnt die wesentliche Phase auf dem Weg zum fertigen Programm. Im „Top-Down"-Verfahren wird das Problem analysiert und nach und nach der Lösungsweg konstruiert.

Man beginnt mit der Gliederung der Gesamtaufgabe in Teilaufgaben. Bei umfangreicheren Problemen wird entschieden, welche Teilaufgaben in Unterprogrammen abgehandelt werden. In jedem Fall ist zu überlegen, welche Sonderfälle auftreten können.

Nur in seltenen Ausnahmen lassen sich die Ergebnisse bei beliebiger Konstellation der Eingabedaten auf dem stets gleichen Weg ermitteln. Normalerweise sind für gewisse Datenkonstellationen Sonderbehandlungen nötig. Es gilt, diese Sonderfälle frühzeitig zu erkennen. Je komplizierter die aktuelle Teilaufgabe ist, desto mühsamer ist ihre Analyse, aber um so wichtiger ist auch, dieses Durchdenken sorgfältig durchzuführen. Notfalls müssen die bislang erkannten Teilaufgaben weiter zerlegt werden, bis letztlich das Ausgangsproblem in lauter überschaubare Teile gegliedert ist.

Anschließend wird der Lösungsweg konstruiert. Für jede Teilaufgabe werden die notwendigen Anweisungen und die Reihenfolge ihrer Ausführung festgelegt. Gleiches gilt für die Verknüpfung der Teile untereinander, sofern dieser Teil des Gesamtprogramms nicht schon parallel zur Problemanalyse konzipiert wurde. Am besten beginnt man mit der Umsetzung des Normalfalles und ergänzt nach und nach die erkannten Sonderfälle.

Die Darstellung des Lösungsweges erfolgt grundsätzlich sprachneutral. Selbst wenn schon festliegt – was der Regelfall ist –, welche Programmiersprache benutzt werden soll, kümmert man sich in der Entwurfsphase nicht um Sprachdetails. Besonders der Anfänger ist gewöhnlich überfordert, wenn er gleichzeitig kreativ tätig sein und die dabei erzielten Resultate unter Beachtung aller Regeln einer Programmiersprache aufschreiben soll. Priorität hat in dieser Phase aber das schöpferische Tun.

Die Darstellungstechnik wird in Kapitel 4 näher erläutert. Auch sie fordert das Einhalten einiger Konventionen. Diese sind jedoch von äußerst geringem Umfang und leicht erlernbar. Gleichwohl sollte man sie sorgfältig lernen und korrekt anwenden.

3.3 Codierung des Programms

Nachdem der Lösungsweg formuliert ist, wird er in eine Programmiersprache übertragen. Dieser Vorgang heißt Codierung. Das Ergebnis ist ein sog. Quellenprogramm. Zur Klarstellung sei betont, daß der Begriff Codierung auch das Eingeben des Quellenprogramms in einen Rechner einschließen soll.

Die Codierung muß als reiner Übersetzungsprozeß zwischen zwei Fremdsprachen verstanden werden, z.B. von der grafischen Sprache „Struktogramm" in die Programmiersprache BASIC. Liegt ein detailliertes Struktogramm vor, müssen während der Codierung *keine zusätzlichen ausführbaren* Anweisungen in das Programm aufgenommen werden. Wer schon längere Zeit erfolgreich programmiert, darf sich auf eine grobe Darstellung von Lösungswegen beschränken. Bis dahin ist man jedoch gut beraten, stets detaillierte Struktogramme zu erstellen.

Bei der Frage, wie umfassend der Entwurf des Lösungsweges sein muß, sollte dem Anfänger die Vorstellung helfen, daß die Codierung nicht vom Entwurfsverfasser vorgenommen wird. Der fremde Codierer überträgt die vorgesehene Ablauflogik in das Programm ohne die aktuelle Problemstellung zu kennen. Er hält sich strikt an den Entwurf, nimmt keine Umstellungen vor und fügt keine ausführbaren Anweisungen hinzu. Läßt sich auf diese Weise ein korrektes Programm schreiben, war der Entwurf umfassend formuliert.

Normalerweise codiert der Entwurfsverfasser seinen Lösungsweg selber. Dennoch sollte er die Phasen Entwurf und Codierung klar trennen. Er erhält dadurch nahezu zwangsläufig gut strukturierte Programme, ein wesentlicher Aspekt bei jeder Programmentwicklung. Klar gegliederte Programme sind leicht zu verstehen, schnell zu testen und bei Bedarf einfach zu erweitern.

3.4 Programmtest

Es darf unterstellt werden, daß jeder Programmierer bemüht ist, wenig Fehler zu machen. Die Qualität eines guten Programmierers zeigt sich jedoch auch darin, daß er versteht, den Gesamtaufwand für eine Programmentwicklung klein zu halten und dennoch ein gutes Produkt zu erstellen. Extremes Verhalten ist allemal falsch.

Der Autor erinnert sich noch an die Worte des in einem Softwarehaus beschäftigten Boten: „Ja, damals, als ich noch programmierte, habe ich einmal ein Programm geschrieben, das auf Anhieb fehlerfrei war!" Ob er jemals versteht, warum er vom Programmierer zum Boten avancierte? Ähnlich tragisch ist der Fall eines Softwareberaters, der nicht begriff, weshalb er vor die Tür gesetzt wurde. Bei seinen Kollegen blieben immerhin seine Worte lange in Erinnerung: „Beim nächsten Lauf habe ich es gepackt!" Gewöhnlich scheiterten aber die nächsten ca. 10 Testläufe an Verstößen gegen Sprachregeln. Ursache dafür war neben mangelnder Sorgfalt vor allem die Manie, auch formal und inhaltlich korrekte Programmteile ständig optimieren zu wollen.

Normalerweise ist ein soeben codiertes Programm nicht fehlerfrei. Daher gilt es, mit einer ausgewogenen Mischung von Schreibtischtest und Maschinentest die vorhandenen Fehler zu entdecken und zu beheben.

Relativ einfach lassen sich Formalfehler, das sind Verstöße gegen die Sprachregeln, lokalisieren. Je nach Programmiersprache und vorhandenem Komfort werden diese Fehler schon während der Codierung aufgezeigt (Editor mit Syntaxprüfung), nach abgeschlossener Codierung von speziellen Hilfsprogrammen (Compiler) aufgelistet oder während der Programmausführung bei Benutzung einer fehlerhaften Anweisung moniert (Interpreter).

Mit der Beseitigung der Formalfehler ist der Test jedoch keineswegs abgeschlossen. Fast könnte man sagen, der Test beginnt erst jetzt. Inhaltliche Fehler, Denk- und Konzeptfehler müssen aufgespürt oder der Nachweis erbracht werden, daß keine vorhanden sind. Dazu werden die Eingabewerte systematisch variiert und jedesmal kontrolliert, ob die Ausgabewerte richtig oder zumindest plausibel sind. Die einzuschlagende Teststrategie hängt sehr von der konkreten Problemstellung ab. Gewöhnlich wird mit einfach zu kontrollierenden Fällen begonnen (Symmetrien, Sonderfälle, ganzzahlige Eingabewerte, Beispiele aus der Literatur). Nach und nach werden die Eingabewerte variiert, bis alle wesentlich verschiedenen Datenkonstellationen überprüft sind.

Ein grundsätzliches Problem ist, daß selbst viele richtige Durchläufe die Korrektheit eines Programms nicht mit letzter Sicherheit beweisen. Dagegen reicht schon einmaliges Versagen für den Nachweis der Fehlerhaftigkeit. Daher muß man insbesondere bei größeren Programmen stets auf das Auftreten von Spätfehlern gefaßt sein. In der Testphase kann letztlich nur die Wahrscheinlichkeit für ihr Auftreten verringert werden. Die Testläufe sollten so konzipiert sein, daß die notwendige Sicherheit mit einem Minimum an Testaufwand erreicht wird.

Während der Programmkonzipierung und insbesondere beim Testen ergeben sich oft Anregungen für Verbesserungen. Auch hier, wie so oft, liegt die Kunst in der weisen Beschränkung. Nur was gravierende Vorteile bringt darf sofort ergänzt werden. Der Rest wird in einer Ideensammlung notiert. Erst wenn das Programm fertiggestellt ist, besser noch, nachdem es einige Zeit benutzt wurde, wird überlegt, ob eine Erweiterung sinnvoll ist.

4 Darstellung von Lösungswegen

Wie an anderer Stelle bereits betont wurde, hat die Phase Programmstrukturierung eine zentrale Bedeutung. Die Gliederung größerer Probleme in überschaubare Teile, in Module, und der Entwurf der Lösungswege für diese Teile entscheiden über die Qualität des zu erstellenden Programms. Selbst erfahrene Programmierer kümmern sich in dieser Phase noch nicht um Details der Sprache, in der sie das Programm codieren werden. Um sich voll auf die aktuelle Aufgabenstellung konzentrieren und das Lösungskonzept leicht überprüfen zu können, wird der Lösungsweg sprachneutral in grafischer Form dargestellt.

4.1 Ablaufplan

Eine verbreitete Darstellungsform ist der Programmablaufplan. Bild 4.1 zeigt Beispiele solcher Pläne. Es sind zwei Lösungsvorschläge für das in Abschnitt 3.1 vorgestellte Problem, die Wurzeln der Gleichung $x^2 + px + q = 0$ zu berechnen.

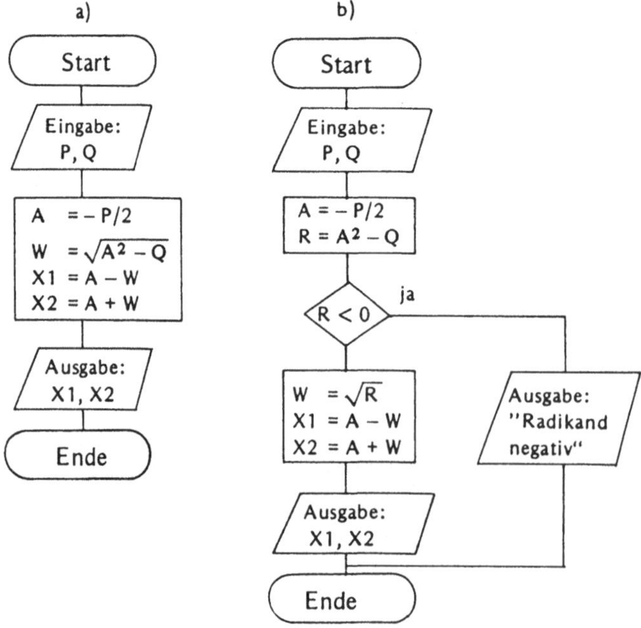

Bild 4.1 Ablaufplan für die quadratische Gleichung

Es versteht sich wohl von selbst, daß jeder Ablaufplan genau einen Anfang besitzt. Hier soll die Ausführung beginnen. Längs der Ablauflinie wird fortgefahren bis zum nächsten Symbol, das jeweils eine oder mehrere Anweisungen repräsentiert. Im Beispiel wird in beiden Versionen ein Parallelogramm erreicht: Datenaustausch zwischen Programm und Peripherie. Die Richtung der Übertragung und die daran beteiligten Variablen werden in das Symbol hineingeschrieben. Hier soll der Benutzer zwei Zahlen eingeben, die erste wird auf P und die zweite auf Q gespeichert.

Entlang der Ablauflinie geht es zum nächsten Symbol, in den Beispielen einem Rechteck. Wenn ein Rechteck mehrere Zeilen enthält, sollen sie von oben nach unten abgearbeitet werden. Bei der quadratischen Gleichung soll also nach der Eingabe mit $A = -P/2$ fortgefahren werden. Zur Erinnerung die Bedeutung dieser Wertzuweisung: Nimm den Wert der Variablen P, ändere das Vorzeichen, teile durch 2 und speichere das Ergebnis auf Platz A. Die anderen Wertzuweisungen sind entsprechend zu interpretieren.

Abgesehen vom Startsymbol und dem Konnektor, geht in jedes Symbol genau eine Linie hinein. Wenn Wege zusammengeführt werden sollen, verbindet man die Ablauflinien. Das kann formvollendet in einem Konnektorsymbol erfolgen, deutlich ist jedoch auch eine einfache Zusammenführung wie am Ende von Bild 4.1, Version b).

Wie die Beispiele zeigen, geht aus den meisten Symbolen genau eine Linie hinaus. Davon gibt es zwei Ausnahmen: das Ende der Ausführung und die durch eine Raute symbolisierte Entscheidung. In die Raute wird der zu prüfende Sachverhalt geschrieben, in Version b) des Beispiels: Ist R negativ? Die Antwort ist ja oder nein. Dementsprechend müssen zwei Linien weggeführt werden, von denen mindestens eine beschriftet sein muß. Diese Wege stellen also Alternativen dar. Die Raute wird auf genau einem dieser Wege verlassen. Falls R im Beispiel nicht negativ ist, wird die Berechnung mit $W = \sqrt{R}$ fortgesetzt. Es folgen die weiteren Wertzuweisungen und schließlich die Ausgabe der beiden Lösungen, formuliert als Ausgabe der momentanen Werte der Variablen X1 und X2. Hingegen wird die Raute über den Ja-Ast verlassen, falls bei R eine negative Zahl steht. Für diesen Fall ist im Beispiel die Ausgabe einer Fehlermeldung vorgesehen: Radikand negativ.

Die in Ablaufplänen verwendeten Symbole sind in der DIN 66001 genormt. Für die meisten Anwendungen reicht der in Bild 4.2 zusammengestellte Extrakt daraus. Zur Erhöhung der Lesbarkeit wird der Durchlaufsinn der Ablauflinien gelegentlich durch kleine Pfeile hervorgehoben. Außerdem empfiehlt sich, den Start nach oben zu legen und die Linien vorzugsweise abwärts zu führen.

Ablaufpläne waren lange Zeit die allgemein anerkannte Darstellungsform für Lösungswege. Es muß jedoch kritisiert werden, daß die aus solchen Plänen resultierenden Quellenprogramme oft unübersichtlich sind. Der „rote Faden" ist wegen zahlreicher, in der Sache meist unnötiger Sprunganweisungen kaum erkennbar. Deshalb wurde nach Darstellungstechniken gesucht, die zu klareren Programmen führen. Ergebnis waren die im nächsten Abschnitt vorgestellten Struktogramme.

Ablaufpläne haben aber auch ihre starke Seite. Sie gestatten in hervorragender Weise, das zeitliche Nacheinander von Aktionen hervorzuheben. Wer einen Algorithmus entwickeln oder darstellen will, sollte sich der Ablaufpläne erinnern. So ist es nur folgerichtig, daß in Vorlesungen und der neueren Literatur über numerische Mathematik das Hilfsmittel des Ablaufplans in zunehmendem Maße genutzt wird.

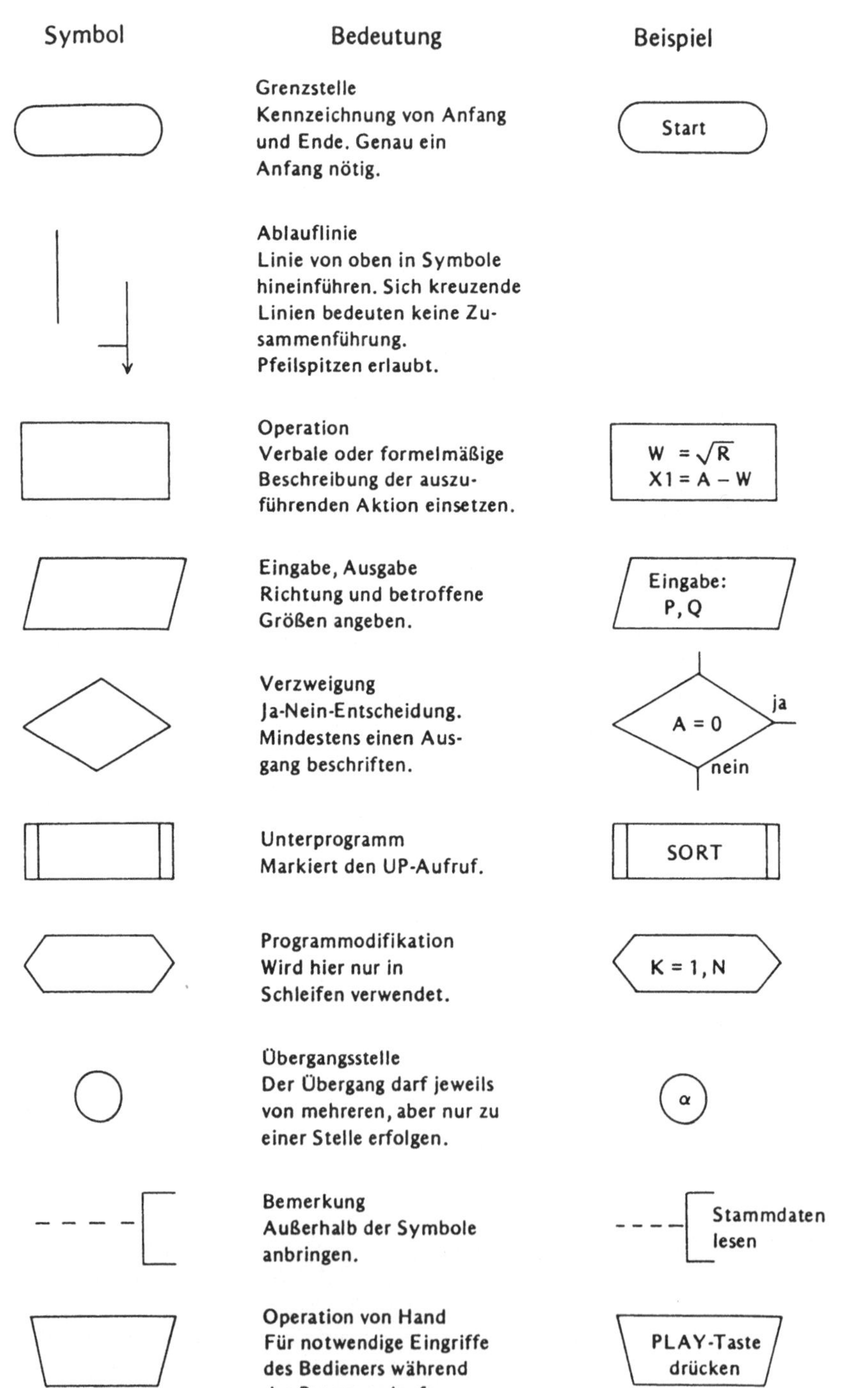

Symbol	Bedeutung	Beispiel
	Grenzstelle Kennzeichnung von Anfang und Ende. Genau ein Anfang nötig.	Start
	Ablauflinie Linie von oben in Symbole hineinführen. Sich kreuzende Linien bedeuten keine Zusammenführung. Pfeilspitzen erlaubt.	
	Operation Verbale oder formelmäßige Beschreibung der auszuführenden Aktion einsetzen.	$W = \sqrt{R}$ $X1 = A - W$
	Eingabe, Ausgabe Richtung und betroffene Größen angeben.	Eingabe: P, Q
	Verzweigung Ja-Nein-Entscheidung. Mindestens einen Ausgang beschriften.	A = 0 ja nein
	Unterprogramm Markiert den UP-Aufruf.	SORT
	Programmodifikation Wird hier nur in Schleifen verwendet.	K = 1, N
	Übergangsstelle Der Übergang darf jeweils von mehreren, aber nur zu einer Stelle erfolgen.	α
	Bemerkung Außerhalb der Symbole anbringen.	Stammdaten lesen
	Operation von Hand Für notwendige Eingriffe des Bedieners während des Programmlaufs.	PLAY-Taste drücken

Bild 4.2 Ablaufplansymbole nach DIN 66001

Überlegen wir noch, warum die einfache Lösung aus Bild 4.1, Version a) nicht ausreicht. Wer das noch nicht durchschaut, aber über einen Rechner verfügt, kann sich mit dessen Hilfe von den Leistungsgrenzen dieser Version überzeugen. Manche Gleichung wird gelöst, aber mitunter steigt das Programm aus, z.B. bei P = 2 und Q = 2. In diesem Fall wird versucht, die reelle Quadratwurzel aus −1 zu ziehen, was bekanntlich nicht geht. Die genannte Gleichung kann erst im Körper der komplexen Zahlen gelöst werden. Bei sorgfältiger Programmplanung sollte dieses Problem bedacht und durch eine Abfrage abgefangen werden (Bild 4.1, Version b).

4.2 Struktogramm

Die Kosten für Entwicklung, Pflege und Erweiterung von Anwendungssoftware übersteigen den geplanten bzw. erwarteten Rahmen oft beträchtlich. Dieses Mißverhältnis wurde stärker und unerträglicher, je umfassender im Laufe der Jahre die in Angriff genommenen Probleme wurden. Das Ergebnis der Ursachenforschung, stark vereinfacht ausgedrückt, war: Es reicht nicht, richtige Programme zu erstellen, Programme müssen auch übersichtlich, leicht zu lesen, schlechthin pflegeleicht sein. Wie war das zu erreichen?

Als vordergründige Ursache unleserlicher Quellenprogramme wurde das GOTO-Statement (Sprunganweisung) identifiziert. Daraus resultierte die Extremforderung, Programmiersprachen zu entwickeln, die diese Anweisungsart nicht enthalten [4]. Es fragt sich natürlich, ob die Existenz des GOTO-Statements verwerflich ist oder eher dessen extensiver Gebrauch. Wäre das Ziel nicht auch erreichbar, wenn es gelänge, die Denkweise der Programmierer zu beeinflussen?

Wie im vorigen Abschnitt angedeutet, wird dem Autor eines Programms beim Entwurf seines Ablaufplanes praktisch kein Zwang auferlegt. Die oben genannten Empfehlungen sind zwar nützlich aber doch letztlich unverbindlich. Erfolgversprechender wäre eine alternative Form der Darstellung von Lösungswegen. Ergebnis entsprechender Überlegungen waren die „Nassi-Shneiderman-Diagramme“ [10], die zu Struktogrammen weiterentwickelt wurden [8]. Diese Symbole sind zwar noch nicht genormt, aber die wesentlichen Grundzüge dieser Darstellungsform und die elementaren Symbole sind nicht mehr umstritten. Die Diskussionen befassen sich nur mit dem Für und Wider neuerer Spezialsymbole [3, 9]. Ähnlich wie bei den Abflaufplänen kommt man mit einem kleinen Teil der angebotenen Symbole aus. Wir beschränken uns daher auf die in Bild 4.3 dargestellten elementaren Strukturblöcke.

Ein Beispiel eines Struktogramms zeigt Bild 4.4. Es ist inhaltlich gleichwertig mit Version b) aus Bild 4.1.

Jedes Struktogramm hat die Form eines Rechtecks. In der Regel gliedert es sich in eine Folge (Sequenz) von Strukturblöcken. Diese müssen immer kantendeckend aneinandergereiht sein, d.h. die ganze Unterkante eines Blockes ist ganze Oberkante des nächsten.

Für die alternativ zu durchlaufenden Äste im Entscheidungs- und im Auswahlblock sowie für den Schleifenkörper gelten die gleichen Regeln: Es ist ein Block erlaubt oder eine Sequenz von beliebigen Blöcken.

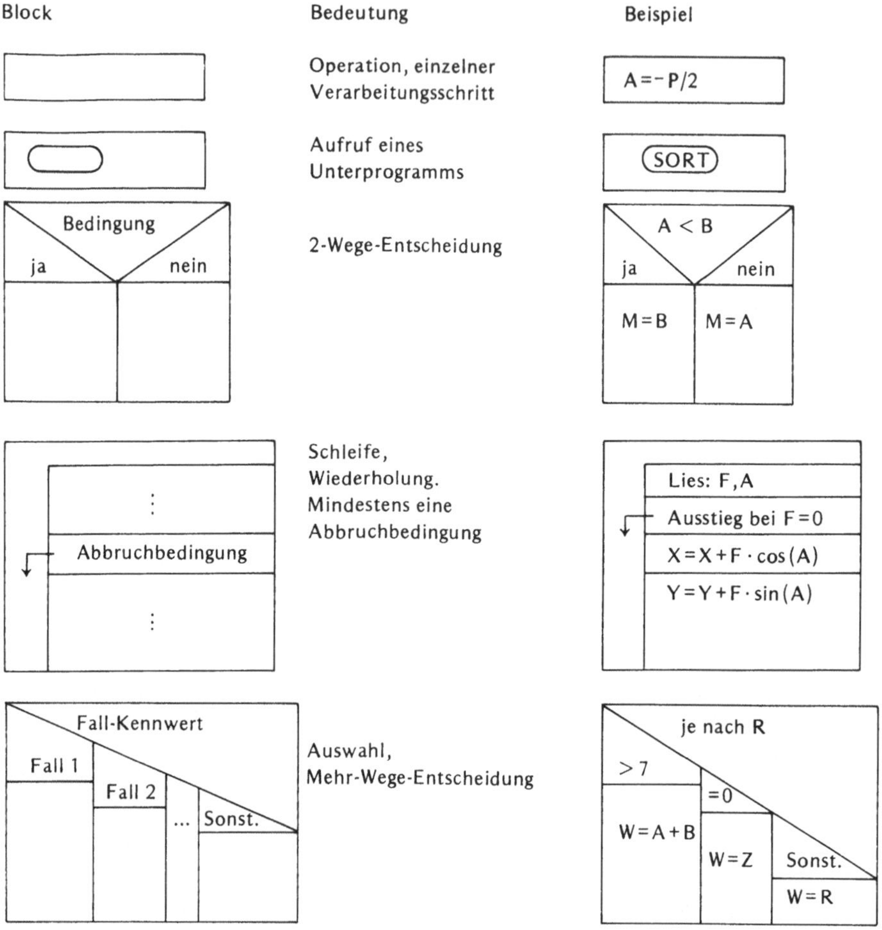

Block	Bedeutung	Beispiel
	Operation, einzelner Verarbeitungsschritt	A=−P/2
	Aufruf eines Unterprogramms	SORT
Bedingung ja nein	2-Wege-Entscheidung	A < B ja nein M=B M=A
⋮ Abbruchbedingung ⋮	Schleife, Wiederholung. Mindestens eine Abbruchbedingung	Lies: F,A Ausstieg bei F=0 X=X+F · cos(A) Y=Y+F · sin(A)
Fall-Kennwert Fall 1 Fall 2 ... Sonst.	Auswahl, Mehr-Wege-Entscheidung	je nach R >7 =0 Sonst. W=A+B W=Z W=R

Bild 4.3 Strukturblöcke für Struktogramme

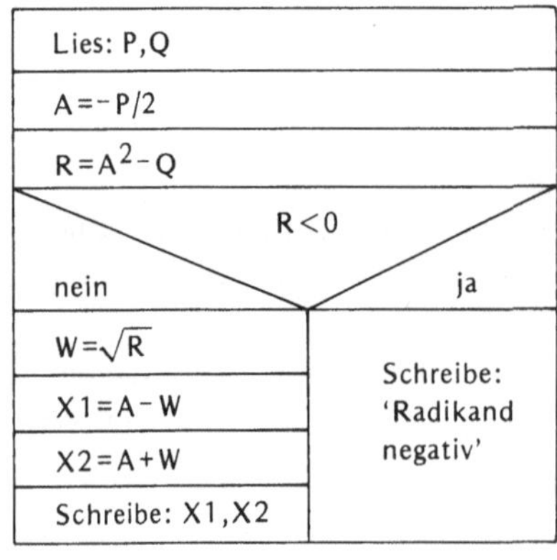

Bild 4.4
Struktogramm für die quadratische Gleichung

Geben wir noch einige Hinweise zu den verschiedenen Blockarten! Der Operationsblock wird benutzt zur Darstellung von Eingaben, Ausgaben, Wertzuweisungen und von Abbruchbedingungen in Schleifen. Sind Ein- oder Ausgabe gemeint, schreibt man das in den Block mit hinein. Falls Zweifel möglich sind, wird auch das zu benutzende Peripheriegerät genannt. „Lies P,Q" bedeutet, daß zwei Zahlen vom Standardeingabegerät gelesen und der Reihe nach auf den Plätzen P und Q gespeichert werden. „X2=A+W" bedeutet, daß die auf den Plätzen A und W stehenden Zahlen festgestellt und addiert werden. Die Summe wird auf Platz X2 gespeichert.

Der Entscheidungsblock enthält die zu überprüfende Bedingung, z.B. R<0, sowie immer einen Ja- und einen Nein-Ast. Entweder der Ja- oder der Nein-Ast werden ausgeführt und danach mit dem Block fortgesetzt, der auf den Entscheidungsblock folgt. Im Beispiel aus Bild 4.4 ist das das Programmende.

Im Auswahlblock können beliebig viele Alternativen vorgesehen werden. Die Ausführungsbedingungen für die einzelnen Äste müssen so gestaltet sein, daß stets genau einer durchlaufen wird. Zum Beispiel: Bei N=3 den 1. Ast, bei N=7 den 2. Ast, bei N=8 den 3. Ast und sonst den 4. Ast. Ein Anwendungsbeispiel zeigt Bild 6.1, Version c).

Der Wiederholungsblock (Schleife) ist durch den winkelförmigen freien Bereich gekennzeichnet, der den Schleifenkörper links und oben umschließt. Der Körper muß mindestens eine dargestellte Abbruchbedingung enthalten, wie in Bild 4.3 zu sehen ist. Andere Autoren [8] verwenden je nach Schleifenlogik verschiedene Arten von Schleifenblöcken. Da entsprechende Spezialbefehle in vielen Programmiersprachen bzw. Sprachdialekten noch fehlen, beschränken wir uns auf den einen, universellen Schleifenblock. Zu empfehlen ist jedoch, die Abbruchbedingung möglichst an die erste oder die letzte Stelle im Schleifenkörper zu setzen (falls man zu einem aktuellen Problem überhaupt verschiedene Struktogrammentwürfe findet).

Die Struktogrammtechnik legt nahe, Lösungswege im „Top-Down"-Verfahren zu entwerfen. Das aktuelle Problem wird in Teilprobleme gegliedert, was zu Sequenzen von Blöcken im Struktogramm führt. Die schrittweise Verfeinerung liefert schließlich einen Lösungsweg, der zwangsläufig klar strukturiert ist.

Bei der anschließenden Codierung des Lösungsweges in einer höheren Programmiersprache sollte darauf geachtet werden, daß auch die Transparenz aus dem Struktogramm ins Quellenprogramm übertragen wird. Die Blockstruktur muß erkennbar werden, was notfalls mit Kommentarzeilen erreichbar ist. Grundsätzlich ist davor zu warnen, die erlangte Transparenz wieder abzubauen, weil z.B. durch „pfiffige" GOTO-Anweisungen die Laufzeit des Programms reduziert werden kann. Der Spareffekt ist meistens unbedeutend, dagegen liegt der Personalaufwand bei der Bearbeitung schlecht strukturierter Quellenprogramme fast immer beträchtlich über dem notwendigen Maß.

5 Linearer Lösungsweg

Nachdem die Hilfsmittel für die Darstellung bekannt sind, sollen Sie jetzt das Entwerfen von Lösungswegen trainieren. Wir beginnen mit Problemstellungen, bei denen keine Sonderfälle auftreten, so daß die Ergebnisse stets nach ein und demselben Verfahren aus den Ausgangsdaten gewonnen werden können.

Versuchen Sie in Ihrem eigenen Interesse, alle Probleme selbst zu lösen, und bemühen Sie sich um eine formal korrekte Darstellung. Zur Verkürzung der (Ablaufpläne und) Struktogramme und um nicht vom Kern der jeweiligen Aufgabe abzulenken, wird die Ein- und Ausgabe immer sehr knapp dargestellt. Diese Passagen müssen in den entsprechenden Programmen wesentlich ausführlicher codiert werden.

Auf neueren Rechnern ist es technisch möglich, die Eingabe im Dialog abzuwickeln. Daher ist es üblich und sehr sinnvoll, dem Benutzer zunächst knapp mitzuteilen, was er tun soll, bevor die Eingabe von Daten erwartet wird. Jedem Lesekommando für die Benutzerstation wird ein erläuterndes Schreibekommando vorangestellt. Wer dieses Prinzip stets einhält, braucht die Erläuterungen nicht ins Struktogramm aufzunehmen. Außerdem gestatten einige Programmiersprachen (z.B. viele BASIC-Dialekte), diese Erläuterungen im Lesekommando mit unterzubringen, was auch gegen deren separate Darstellung im Struktogramm spricht.

5.1 Kreisfläche

Es soll die Fläche eines Kreises berechnet werden, dessen Radius vorgegeben ist. Die Schnittstelle zwischen Benutzer und Programm ist damit festgelegt:

Eingabe: Radius R
Ausgabe: Fläche A

Als nächstes muß der benötigte Formelapparat bereitgestellt werden, der sich hier auf eine Formel beschränkt. Wer sich nicht mehr erinnert (oder noch nicht), findet die Flächenformel

$$A = \pi R^2$$

in Formelsammlungen [1].

Jetzt, nachdem Eingabe, Ausgabe und Rechengang bekannt sind, beginnt der Entwurf des Lösungsweges. Wie lautet Ihre Version dafür?

DENKPAUSE

Bild 5.1 zeigt die Lösung a) als Ablaufplan und b) als Struktogramm.

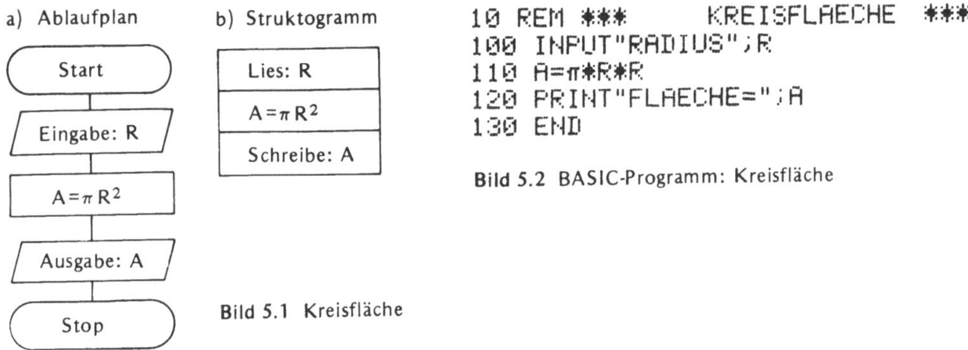

Bild 5.1 Kreisfläche

```
10 REM ***      KREISFLAECHE ***
100 INPUT"RADIUS";R
110 A=π*R*R
120 PRINT"FLAECHE=";A
130 END
```

Bild 5.2 BASIC-Programm: Kreisfläche

Erst wenn die Variable R einen Wert erhalten hat, kann der Ausdruck πR^2 ausgewertet werden. Nach der Berechnung der Fläche und der Speicherung des Rechenergebnisses auf dem Platz A, bleibt nur noch, diesen Wert auszugeben.

5.2 Flächenträgheitsmoment

Bei der Berechnung der Tragfähigkeit eines Balkens spielt sein „Flächenträgheitsmoment" eine Rolle. Für einen rechteckigen Balken der Breite b und Höhe h berechnet es sich nach der Formel

$$I = b\,h^3$$

Zu einer präzisen Formulierung der Programmiervorgabe gehört neben der inhaltlichen Festlegung noch die Aussage, welche Werte der Benutzer anliefern soll und welche er als Ergebnis erhält.

Eingabe: Breite, Höhe
Ausgabe: Flächenträgheitsmoment

Auch bei diesem einfachen Beispiel ist die Vorgabe so offensichtlich, daß man geneigt sein könnte, sie gar nicht hinzuschreiben. Um Unklarheiten bei späteren, größeren Aufgaben vorzubeugen, empfiehlt es sich jedoch, sich rechtzeitig an die präzise Formulierung der Schnittstelle zwischen Benutzer und Programm zu gewöhnen. Entwerfen Sie Ihr Struktogramm.

DENKPAUSE

Solange die aktuellen Maße nicht bekannt sind, kann das Programm nichts tun. Daher muß mit der Eingabe begonnen werden, der sich Berechnung und Ausgabe anschließen. Den Lösungsweg zeigt Ihnen Bild 5.3.

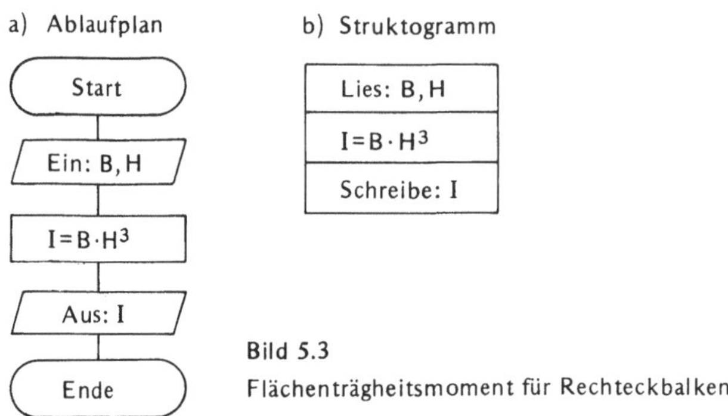

Bild 5.3
Flächenträgheitsmoment für Rechteckbalken

```
10 REM ***    FLAECHENMOMENT   ***
100 INPUT"BREITE,HOEHE";B,H
110 I=B*H↑3
120 PRINT"FLAECHENMOMENT=";I
130 END
```

Bild 5.4
BASIC-Programm: Flächenmoment

5.3 Rundung

In Digitalrechnern werden die Zahlen oft in der sog. Gleitkommaform gespeichert. Sehen wir uns das Prinzip am Beispiel der Märchenzahl Tausendundeins an.

Einige gleichwertige Darstellungen zu 1001 sind

$100100{,}0 \cdot 10^{-2}$
$0100{,}1 \cdot 10^{1}$
$1001{,}0 \cdot 10^{0}$
$1{,}001 \cdot 10^{3}$
$0{,}001001 \cdot 10^{6}$

Diese Varianten sind alle nach folgendem Prinzip gebildet: Vor oder hinter die vier „signifikanten" Ziffern Eins, Null, Null, Eins wurden einige Nullen gestellt, in diese Ziffernfolge (Mantisse genannt) ein Dezimalkomma eingesetzt und mit der passenden Potenz der Zahl 10 multipliziert. Bei der normierten Darstellung $0{,}1001 \cdot 10^{4}$ wird das Komma vor die erste von Null verschiedene Ziffer gesetzt. Wenn man sich auf diese normierte Darstellung festlegt, genügt es, von jeder Zahl neben ihrem Vorzeichen (hier: +) nur den Exponenten (hier: +4) und die Nachkommastellen (hier: 1001000 usw.) zu speichern.

Die Gleitkommadarstellung des Rechners unterscheidet sich hiervon nur durch die andere Basis. Er arbeitet intern mit Zahlen zur Basis 2 und nicht zur Basis 10. Gravierender ist, daß gewöhnlich mit fester Wortlänge gearbeitet wird. Das heißt für jede Zahl stehen gleich viele Bits zur Verfügung (z.B. 32). Ein Bit wird für das Vorzeichen benötigt, einige für den Exponenten (z.B. 7) und einige für die Dualziffern (z.B. 24). Aus dieser festen Zoneneinteilung resultiert eine Beschränkung der Größenordnung speicherbarer Zahlen. Mit den erwähnten 32 Bit-Worten läßt sich der Bereich von 10^{-38} bis 10^{+38} abdecken. Von den normierten Mantissen können aber immer nur maximal 8 Dezimalziffern erfaßt werden. Wenn zur exakten Zahldarstellung mehr Ziffern nötig sind, wird die Mantisse abgeschnitten. Beachten Sie, daß eine Dezimalzahl erst in die entsprechende Dualzahl umgewandelt wird, bevor sie gespeichert werden kann. Abgeschnitten wird ggf. die dabei entstehende normierte Dualmantisse. Dieser Effekt kann auch eintreten, wenn die Dezimalmantisse nur wenige Ziffern enthält.

Konsequenz der Speicherungstechnik ist, daß die gespeicherten Zahlen oft mit geringen Fehlern behaftet sind. Die Fehler pflanzen sich fort, wenn mit den Zahlen gerechnet wird. Daraus resultieren eventuell die schlaflosen Nächte des Oberbuchhalters, der den einen fehlenden Pfennig in der Bilanz nicht finden kann.

Abhilfe kann 'RITA' (=Rundung immer taktisch anwenden) schaffen. Die Frage danach, wo Rundungen angebracht sind, wollen wir hier nicht vertiefen, sondern stattdessen eine Rundungsroutine erstellen. Im Hinblick auf eine eventuelle Verwendung konzipieren wir sie als Unterprogramm.

Sehen wir uns das Problem zunächst anhand der Rundung auf ganze Zahlen an. Konvention ist, den Nachkommateil wegzulassen, wenn die erste Nachkommaziffer kleiner als 5 ist (d.h. Abrundung). Andernfalls wird die Einerziffer um 1 erhöht (d.h. Aufrundung). Mit Hilfe einiger mathematischer Funktionen läßt sich diese Rundungskonvention leicht programmieren. Benötigt werden die Ganzzahligkeitsfunktion INT, die Betragsfunktion ABS und die Vorzeichenfunktion SGN. (Diese Funktionen sind in den meisten Sprachen vorhanden, eventuell unter anderen Namen.)

INT (X) ist die größte ganze Zahl, die X nicht übersteigt.

Beispiele: INT (5) = 5
INT (4,5) = 4
INT (−4,5) = −5
INT (−5) = −5

ABS (X) ist die größere der beiden Zahlen X und −X.

Beispiele: ABS (7.3) = 7.3
ABS (−4.1) = 4.1
ABS (0) = 0

SGN (X) enthält i. W. das Vorzeichen von X:

$$\text{SGN}(X) = \begin{cases} -1, & \text{falls } X<0 \\ 0, & \text{falls } X=0 \\ 1, & \text{falls } X>0 \end{cases}$$

Beispiele: SGN (−22.4) = −1
SGN (13) = 1

Die Aufgabenstellung soll nun dahingehend erweitert werden, daß eine Zahl W nicht nur auf Ganzzahligkeit (k=0), sondern auf eine beliebige Nachkommastelle gerundet werden kann. Enthält W z.B. einen Preis in der Einheit DM der auf Pfennige zu runden ist, wäre k = 2 zu setzen.

Eingabe: Anzahl gewünschter Nachkommastellen.
Zu rundende Zahl

Ausgabe: Gerundete Zahl.

Erstellen Sie das Struktogramm.

DENKPAUSE

Da die INT-Funktion ganze Zahlen liefert, muß W zuvor mit einer geeigneten Zehnerpotenz multipliziert werden, was nach der Rundung rückgängig gemacht wird. Das entsprechende Struktogramm zeigt Bild 5.5, Version a).

Das Rundungsproblem läßt sich auch allein mit der INT-Funktion lösen, nur bleibt der Lösungsweg dann nicht rein linear (s. Bild 5.5, Version b).

Bild 5.5, Version c), zeigt ein einfaches Hauptprogramm, das die Korrespondenz mit dem Benutzer erledigt und das Rundungsunterprogramm aufruft.

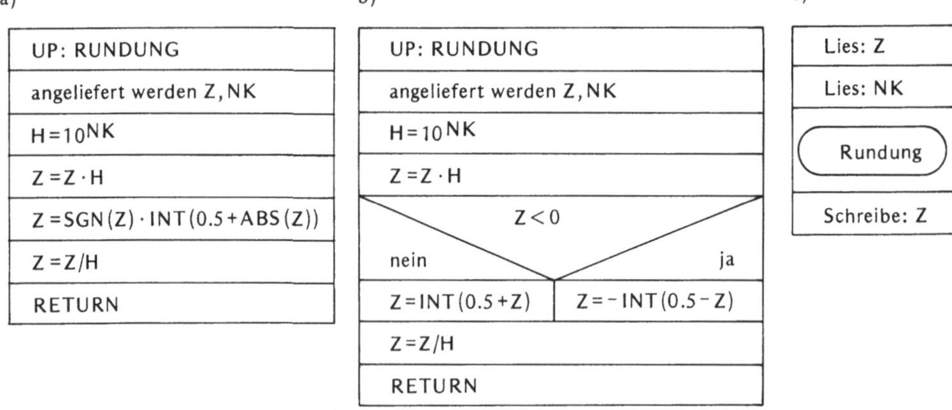

Bild 5.5 Rundung auf eine bestimmte Anzahl von Nachkommastellen

```
10 REM ***            RUNDUNG             ***
100 INPUT "ZAHL"; Z
110 INPUT"NK-STELLEN";NK
120 GOSUB8100
130 PRINT"GERUNDET:";Z
140 END
8100 REM *** RUNDUNGS-UP.: 'RITA' ***
8110 REM  VORGABE: Z,NK
8120 H=10↑NK
8130 Z=Z*H
8140 Z=SGN(Z)*INT(0.5+ABS(Z))
8150 Z=Z/H
8160 RETURN
```

Bild 5.6
BASIC-Programm: Rundung

5.4 Flugzeit des Turmspringers

Kunst- und Turmspringer verstehen es, aus einer Höhe von etlichen Metern in ein Wasserbecken zu springen, während des Fallens allerlei Drehbewegungen auszuführen und dennoch meistens recht elegant einzutauchen. Das Auge des ungeübten Zuschauers ist oft nicht in der Lage, alle Bewegungen zu erkennen, weil der Vorgang zu schnell abläuft. Vielleicht ist es interessant, von einem Programm ausrechnen zu lassen, wie kurz die Zeit vom Absprung bis zum Eintauchen ist.

Wir sehen zwei freie Parameter vor. Zum einen natürlich die Turmhöhe h. Zum andern soll berücksichtigt werden, daß die Springer anfangs ein Stück nach oben springen. Bei Turmspringern ist dieses Stück b zwar gering, beim Springen vom federnden Brett ist es aber so groß, daß es nicht vernachlässigt werden darf.

Entwickeln wir nun die Formeln, die diesen Bewegungsvorgang beschreiben. Dabei legen wir das in Bild 5.7 gezeigte Koordinatensystem zugrunde.

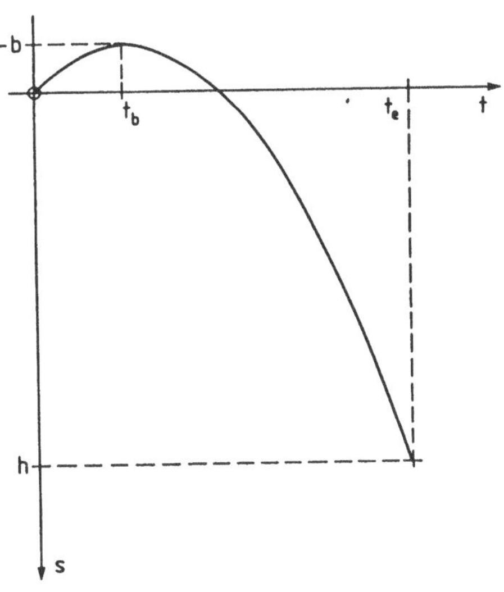

Bild 5.7
Weg-Zeit-Diagramm für den Turmspringer

Zwei Bewegungen sind überlagert: Die konstante Anfangsgeschwindigkeit v_0 wirkt nach oben, mit dem Verlassen des Turmes setzt die beschleunigte Fallbewegung nach unten ein. (Erdbeschleunigung $g = 9{,}81\ m/s^2$, die Vorwärtsbewegung hat keinen Einfluß auf die Flugzeit und wird deshalb ignoriert.) Unter Beachtung der entgegengesetzten Richtungen ergibt sich für die gesamte (senkrechte) Geschwindigkeit:

$$v = -v_0 + gt$$

Durch Integration folgt daraus das Weg-Zeit-Gesetz:

$$s = -v_0 t + \frac{1}{2} g t^2$$

Hier muß noch die Anfangsgeschwindigkeit v_o entfernt werden, die ja ursprünglich nicht als Parameter vorgesehen war. Dazu folgende Überlegung. Am höchsten Punkt ist v = o:

$$o = -v_o + gt_b$$

$$\Rightarrow v_o = gt_b$$

$$\Rightarrow t_b = \frac{v_o}{g}$$

Zum Zeitpunkt t_b hat s den Wert −b:

$$\Rightarrow -b = -v_o \frac{v_o}{g} + \frac{1}{2} g \left(\frac{v_o}{g}\right)^2$$

$$\Rightarrow -b = -\frac{1}{2} \frac{v_o^2}{g}$$

$$\Rightarrow v_o = \sqrt{2gb}$$

$$\Rightarrow \quad s = -\sqrt{2gb}\, t + \frac{1}{2} gt^2$$

Dieses Bewegungsgesetz ist in Bild 5.7 skizziert.

Die Flugzeit erhalten wir für s = h:

$$\frac{1}{2} gt_e^2 - \sqrt{2gb}\, t_e - h = o$$

Wir müssen also eine quadratische Gleichung lösen.

Mancher Leser wird sich erinnern, daß wir das Programm für die quadratische Gleichung schon erstellt haben (Bilder 4.1 und 4.4). Wer glaubt, er brauche jetzt nicht mehr zu programmieren und könne das obige Programm benutzen, muß beachten, daß wir oben eine Gleichung der Form

$$t^2 + pt + q = o$$

behandelt haben. Von den hier vorgesehenen Parametern b und h müßte der Benutzer erst mühsam auf p und q umrechnen, ehe er das Programm einsetzen kann. Die Entwicklung eines Spezialprogramms ist wohl der bessere Weg. Präzisieren wir noch einmal die Benutzerschnittstelle.

Eingabe: b und h in Metern

Ausgabe: t_e in Sekunden

Entwerfen Sie das Struktogramm!

DENKPAUSE

Vorhandene Programme bei der Lösung aktueller Probleme zu berücksichtigen ist keineswegs ehrenrührig. Im Gegenteil, je öfter man auf Vorhandenes zurückgreifen kann, desto wirtschaftlicher wird das Programmieren.

Von dem Struktogramm aus Bild 4.4 muß mindestens die Eingabezeile entfernt und durch einen aktuellen Lesebefehl ersetzt werden. Wenn man anschließend die Variablen P und Q so berechnet, wie es der Form der früher behandelten Gleichung entspricht, kann

a)

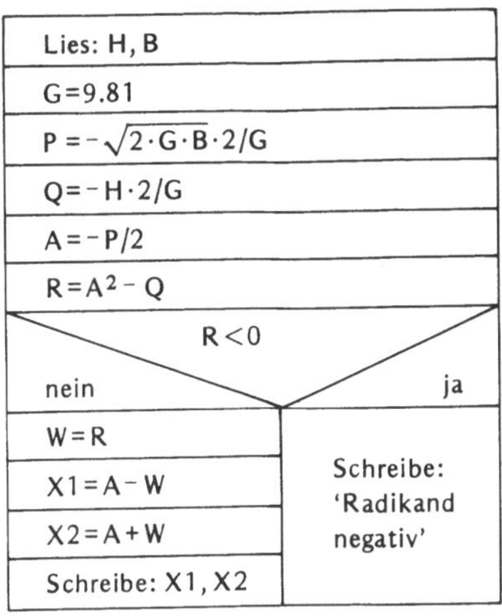

b)

Lies: H, B
G2=2/9.81
B=ABS(B)
$TE=\sqrt{B\cdot G2}+\sqrt{(B+ABS(H)\cdot G2}$
Schreibe: TE

Bild 5.8
Flugzeit eines Turmspringers

```
10 REM ***        FLUGZEIT                 ***
100 INPUT"TURMHOEHE [METER]";H
110 INPUT"SPRUNGHOEHE [METER]";B
120 G2=2/9.81
130 B=ABS(B)
140 Z=SQR(B*G2)+SQR((B+ABS(H))*G2)
150 NK=3
160 GOSUB8100
170 PRINT"FLUGZEIT =";Z;"SEKUNDEN"
180 END
8100 REM *** RUNDUNGS-UP.: 'RITA' ***
8110 REM  VORGABE: Z,NK
8120 H=10↑NK
8130 Z=Z*H
8140 Z=SGN(Z)*INT(0.5+ABS(Z))
8150 Z=Z/H
8160 RETURN
```

Bild 5.9
BASIC-Programm: Flugzeit

der Rest des Struktogramms übernommen werden. So erhält man die Lösung aus Bild 5.8, Version a).

Diese Lösung ließ sich schnell und bequem erstellen. Ist sie deshalb auch gut und angemessen?

Durchleuchten Sie das Konzept kritisch!

Notieren Sie die Punkte, die man verbessern kann, sollte oder gar muß!

DENKPAUSE

Folgende Kritik hätten Sie üben sollen:

– Warum werden zwei Zeiten ausgegeben? Jeder Flug endet doch nur einmal.

- Was soll der Fehlerast? Wer wirklich losspringt kommt auch unten an.
- Platzbedarf und Laufzeit des Programms scheinen deutlich höher als nötig.

Lassen Sie uns nun diese Punkte erörtern!

- Wie kommt die zweite Zeitangabe zustande? Wenn die in Bild 5.7 dargestellte Parabel nach links weitergezeichnet wird, ergibt sich ein zweiter Schnittpunkt mit der Linie $s=h$. Diesem entspricht eine *negative* Zeit, die folglich keine sinnvolle Ausgabe darstellt. Die größere der beiden Lösungen ist die gesuchte Flugzeit des Springers.
- Von der Problemstellung her betrachtet, ist der Fehlerast unsinnig. Allerdings wurde in Abschnitt 4.1 darauf hingewiesen, daß quadratische Gleichungen keine reellen Lösungen haben müssen. Ist der Fall auch hier denkbar? Die Antwort lautet „Ja, wenn ein unsinniger Wert für h eingegeben wird".

  Falls man sich entscheidet, unsinnige Eingabewerte in dieser Form im Programm abzufangen, hätte man konsequenterweise auch die Berechnung von p absichern müssen, die der Benutzer mit einem negativen b ebenfalls zum Scheitern bringt. Wir schlagen stattdessen vor, bei *dieser* Aufgabe eventuelle negative Vorzeichen bei h oder b einfach mit der Betragsfunktion zu entfernen. Der Benutzer kann negative Werte nur gegeben haben, weil er die Skizze aus Bild 5.7 nicht vor Augen hatte.
- Die soeben diskutierte Fehlerbehandlung ist schon ein Schritt auf dem Weg zu einem angemessenen Programm. Ein weiterer Schritt ist, die Größen p und q nicht separat zu berechnen. Sie werden weiter unten nur an je einer Stelle benutzt, so daß die entsprechenden Berechnungen besser hier erfolgen.

Entwerfen Sie ein Struktogramm, das die Kritikpunkte in der erörterten Form berücksichtigt, sofern nicht schon Ihr erster Entwurf so geraten war.

DENKPAUSE

Die größere der beiden Wurzeln soll berechnet werden:

$$\begin{aligned} t_e &= a + w \\ &= -p/2 + \sqrt{a^2 - q} \\ &= \sqrt{2 \cdot g \cdot b}/g + \sqrt{2 \cdot b/g + 2 \cdot h/g} \\ &= \sqrt{b \cdot 2/g} + \sqrt{(b+h) \cdot 2/g} \end{aligned}$$

Aufgrund dieser Umrechnung kann man zu der Lösung aus Bild 5.8, Version b) gelangen.

Kommen wir noch einmal auf das weiter oben diskutierte Übernehmen alter Lösungen zurück. Warum haben wir uns hier letztlich gegen die Übernahme entschieden? Allein deshalb, weil die Leistung der Vorlage (Bild 4.4) und der aktuelle Bedarf zu weit auseinanderliefen. Die Entscheidung wäre eventuell anders gefallen, wenn ein sog. Unterprogramm zur Lösung quadratischer Gleichungen vorhanden gewesen wäre. Man hätte die Ein- und Ausgabe aufgabenspezifisch programmiert und zur Berechnung das Unterprogramm benutzt. Dessen Mehrleistung hätte der Benutzer des Flugzeitprogramms gar nicht merken müssen.

An diese Betrachtung sollten Sie sich erinnern, wenn ihre Programmierkenntnisse einen entsprechenden Stand erreicht haben. Teilprobleme einer aktuellen Aufgabe, die eventuell in einem anderen Rahmen erneut auftreten könnten, müssen aus Vernunftsgründen als Unterprogramm bearbeitet werden. Je nach Programmiersprache können Sie später das fertige Unterprogramm einsetzen (gilt z.B. für FORTRAN) oder zumindest die Logik aus dem Struktogramm übernehmen (trifft für die meisten BASIC-Dialekte zu).

6 Baumstruktur

Probleme mit rein linearem Lösungsweg sind selten, bzw. der Lösungsweg ist in der Regel so selbstverständlich, daß man ihn unter Verzicht auf eine grafische Darstellung sofort in der gewählten Programmiersprache formulieren kann.

Realistischer sind Problemstellungen, bei denen Ergebnisse auf unterschiedlichen Wegen erreicht werden. Welcher Weg zu wählen ist, hängt von einzelnen Variablenwerten ab. Während der Entwurfsphase muß entschieden werden, welche Variablen (auch) zur Steuerung dienen sollen und bei welchen Werten die verschiedenen Programmäste zu durchlaufen sind.

6.1 Quadratische Gleichung

Ein erstes Beispiel dieser Problemklasse ist die schon in früheren Kapiteln angesprochene quadratische Gleichung $x^2 + px + q = 0$. Einen fertigen Lösungsweg kennen Sie bereits aus Bild 4.4 Sehen wir uns jetzt an, wie dieses Struktogramm entstanden sein könnte.

Wenn eine konkrete Gleichung vorliegt, d.h. Zahlenwerte für p und q gegeben sind, berechnet man die beiden Lösungen nach den Formeln

$$x_1 = -\frac{p}{2} - \sqrt{\frac{p^2}{4} - q}, \quad x_2 = -\frac{p}{2} + \sqrt{\frac{p^2}{4} - q}$$

Daher könnte ein erster Lösungsweg aussehen wie in Bild 6.1, Version a).

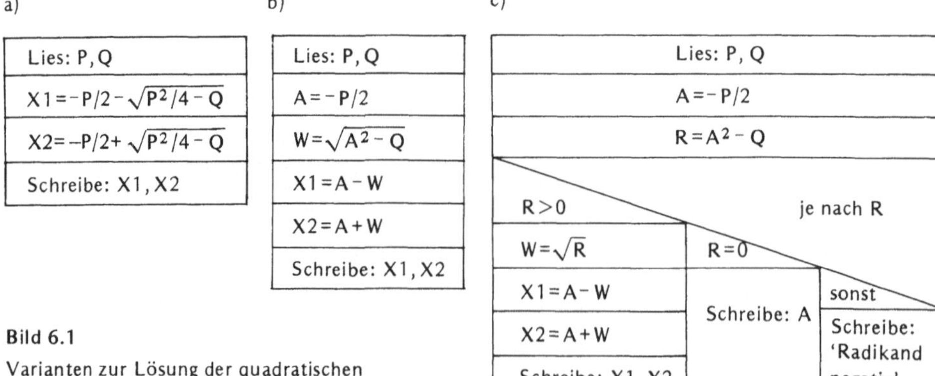

Bild 6.1
Varianten zur Lösung der quadratischen Gleichung

```
10 REM ***     QUAD. GLEICHUNG     ***
100 INPUT"P , Q ";P,Q
110 A=-P/2 : R=A*A-Q
120 IF R<0THEN160
130 W=SQR(R):X1=A-W:X2=A+W
140 PRINT"LOESUNGEN: ";X1;"UND ";X2
150 GOTO170
160 PRINT"RADIKAND NEGATIV"
170 END
```

Bild 6.2 BASIC-Programm: Quadratische Gleichung

Das entsprechende Programm würde in vielen Fällen korrekte Ergebnisse liefern, sein Aufbau ist jedoch keineswegs vorbildlich.

Die Bewertung fertiger Programme geschieht nicht nur über die Frage, ob die Ergebnisse stimmen. Weitere grundsätzliche Gesichtspunkte sind Platzbedarf, Laufzeit und Erstellaufwand. Diese Kriterien sind nicht gleichgewichtig! Muß z.B. ein konkretes Problem mit einem Rechner bearbeitet werden, der nur eine geringe Speicherfähigkeit besitzt, wird die Programmgröße möglicherweise so bedeutsam, daß die anderen Gesichtspunkte völlig außer acht bleiben müssen.

Die technische Entwicklung bei den Rechnern und das ständig verbesserte Preis-/Leistungsverhältnis haben dazu geführt, daß der Platzbedarf kaum minimiert werden muß. Die Speicher sind gewöhnlich groß genug oder können preiswert erweitert werden. Auch die Laufzeit ist für eine breite Palette von Aufgabenstellungen ein unkritischer Punkt. Trotzdem muß bei der Konzipierung von Programmen vermieden werden, Rechenzeit oder Speicherplatz leichtfertig zu vergeuden. Sehen Sie sich das erste Lösungskonzept daraufhin einmal an, und notieren Sie Ihre Kritik.

DENKPAUSE

Zu kritisieren ist, daß es viermal die Berechnung von P/2 und zweimal das Ziehen der Quadratwurzel aus $(P/2)^2 - Q$ enthält. Diese Verschwendung von Rechenzeit wird vermieden, wenn die fraglichen Teile separat berechnet und als Zwischenergebnisse gespeichert werden (s. Bild 6.1, Version b).

Sowohl bei Version a) als auch bei b) muß bemängelt werden, daß diese Programme bei bestimmter Datenkonstellation (z.B. $P=0$, $Q=1$) versagen. Daher verteilen wir die Berechnung des Radikanden und das Ziehen der Quadratwurzel auf zwei Anweisungen und setzen dazwischen eine Überprüfung des Radikanden. So ergibt sich die schon aus Bild 4.4 bekannte Version.

Die Fälle $R=0$ und $R>0$ haben wir bislang gemeinsam behandelt. Der Gedanke, diese beiden Fälle zu trennen, ist durchaus legitim. Schließlich ist bei $R=0$ das Wurzelziehen überflüssig. Ein entsprechendes Struktogramm zeigt Bild 6.1, Version c).

Das letzte Struktogramm ist als Anwendungsbeispiel für den Auswahlblock ganz willkommen. Es soll aber nicht der Eindruck erweckt werden, daß es als letzte Version der Lösung der quadratischen Gleichung zugleich die beste ist.

Wenn man vor der Entscheidung steht, ein korrekt arbeitendes Programm (hier die Version aus Bild 4.4) weiter zu detaillieren, um Spezialfälle eventuell effektiver abhandeln zu können, sollte man kritisch prüfen, ob sich der damit verbundene Mehraufwand wirklich lohnt. Ein weiterer, an sich überflüssiger Programmast erhöht den Aufwand für die Erstellung des Programms. Zugleich verringert er die Übersichtlichkeit. Daher müssen schon schwerwiegende Gründe für die zusätzliche Detaillierung vorliegen, die der Autor übrigens bei der quadratischen Gleichung nicht für gegeben sieht.

6.2 Richtungswinkel

Zwischen den Koordinaten (x, y) eines Punktes der Ebene und dem zugehörigen Richtungswinkel α (s. Bild 6.3) besteht der Zusammenhang

$$\tan\alpha = \frac{y}{x}$$

Gelegentlich tritt das Problem auf, zu einem gegebenen Punkt den Winkel α zu berechnen. Da zu der Tangensfunktion (tan) eine Umkehrfunktion Arcustangens (arctan) existiert, scheint das Problem gelöst:

$$\alpha = \arctan\frac{y}{x}$$

Diese Formel ist auch leicht programmierbar, weil der Arcustangens in fast allen Programmiersprachen als Standardfunktion aufgenommen ist. Wo steckt das Problem?

Betrachten wir die beiden Punkte $P_1 = (3, 6)$ und $P_2 = (-2, -4)$. Die entsprechenden Tagenswerte sind $\frac{6}{3}$, also 2 bzw. $\frac{-4}{-2}$, also ebenfalls 2. Die arctan-Funktion muß daher für P_1 und P_2 den gleichen Winkel liefern. Die Punkte P_1 und P_2 liegen im Prinzip aber wie die Punkte P und Q aus Bild 6.3. Zu ihnen gehören verschiedene Richtungswinkel, die sich um π (Bogenmaß, entspricht 180° in Gradmaß) unterscheiden. Wie können wir den korrekten Winkel erhalten?

Da der Tangens eine periodische Funktion mit der Periode π ist, kann jeder Arcustangens nur Werte aus einem Intervall der Länge π liefern. Normalerweise sind das die

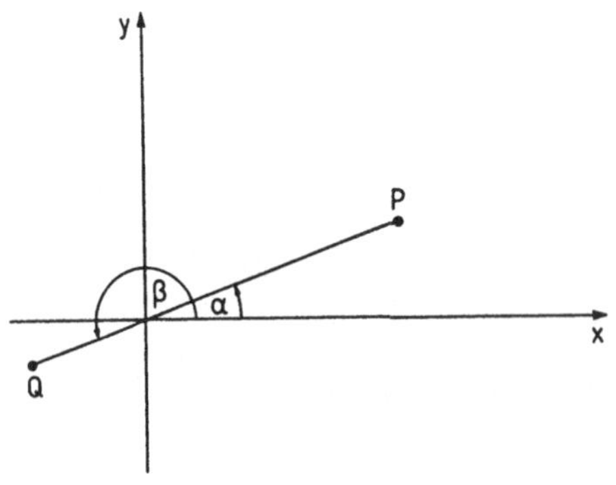

Bild 6.3
Tangensbeziehung

Werte zwischen $-\pi/2$ und $+\pi/2$. Auf unser Problem übertragen heißt das, für Punkte rechts von der Y-Achse erhalten wir so den richtigen Winkel, bei allen anderen Punkten müssen wir per Programm nachhelfen.

Im Hinblick auf eine einfache Verwendung soll das Programm als Unterprogramm konzipiert werden (ohne Lese- und Schreibeanweisungen). Wir unterstellen, daß die Variablen X und Y zuvor belegt wurden und setzen den Winkel auf die Variable A:

Vorgabe: Punktkoordinaten auf X und Y.
Ergebnis: Richtungswinkel auf A.

Wie lautet das Struktogramm?

DENKPAUSE

Zu gegebenem X und Y erhält man den Tangenswert aus der Division Y/X. Das setzt allerding $X \neq 0$ voraus. Kann X den Wert 0 haben? Selbstverständlich! die betreffenden Punkte liegen auf der Y-Achse. Dieser Fall muß separat behandelt werden. Als Ergebnis muß $\pi/2$ oder $-\pi/2$ geliefert werden, je nachdem ob Y positiv oder negativ ist. Das läßt sich ohne Fallunterscheidung mit der Signumfunktion (Abschnitt 5.3) erreichen (s. Bild 6.4, Version a).

Außerhalb der Y-Achse wird die gewöhnliche Arcustangensfunktion benutzt. Wie wir oben überlegt haben, muß das Ergebnis korrigiert werden, wenn X negativ ist. Damit die Winkel stets im Intervall $-\pi \leqslant \alpha < \pi$ liegen, muß bei positivem Y um π, bei negativem Y um $-\pi$ korrigiert werden. Dazu benutzen wir wieder die Signumfunktion (Bild 6.4, Version b).

Um das Programm besser kontrollieren zu können, ist es hilfreich, den Winkel vom Bogen- ins Gradmaß umzuwandeln. Zweckmäßigerweise geschieht das aber im rufenden Programm und nicht in dem zu erstellenden Unterprogramm. Wir nutzen die Relation

$$\frac{\hat{\alpha}}{\pi} = \frac{\alpha^\circ}{180^\circ}$$

die nach α° aufgelöst wird:

$$\alpha^\circ = \frac{180^\circ}{\pi} \hat{\alpha}$$

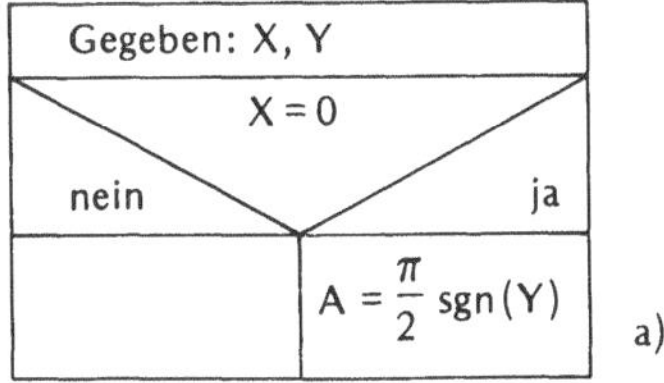

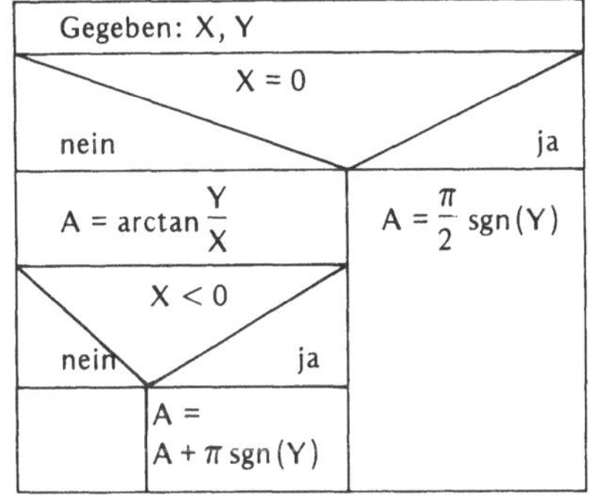

Bild 6.4 Vorstufen zum Richtungswinkel

Das führt zu der Programmzeile

$A = 180/\pi \cdot A$

Wenn Sie über einen Rechner verfügen, sollten Sie das Programm erstellen und testen. Hoffentlich finden Sie den Fehler!

Eventuell überrascht es Sie, daß unser Lösungsentwurf nicht völlig korrekt sein soll. Wenn Sie erfolgreich programmieren wollen, müssen Sie sich aber an derartige Überraschungen gewöhnen und lernen, vorhandene Fehler zu lokalisieren. Damit ist zweierlei gemeint. Zum einen, und das ist jetzt Ihre Aufgabe, muß durch systematisch angelegte Testläufe mit geeigneten, repräsentativen Eingabewerten überprüft werden, ob Fehler vorhanden sind. Zum anderen gilt es, die Fehlerursache aufzudecken. Vielleicht muß ein Stück des Programms anders formuliert, vielleicht muß eine Passage ergänzt werden.

Bei unserem aktuellen Problem der Winkelberechnung wird dem Punkt X = 0, Y = 0 die Richtung 0 zugeordnet. Das ist letztlich Willkür, aber jedenfalls nicht der oben angesprochene Fehler.

DENKPAUSE

Mit der Lösung aus Bild 6.4, Version b), werden die Punkte auf der negativen X-Achse (X < 0, Y = 0) falsch behandelt. Ihnen wird die Richtung 0 zugeordnet, die aber zur positiven X-Achse gehört. Daher muß an der richtigen Stelle ein Sonderast für Y = 0 eingefügt werden. Passen Sie aber auf, daß dabei die anderen Bereiche der (X,Y)-Ebene korrekt bleiben. Mit der Lösung aus Bild 6.5 sollte das gelingen.

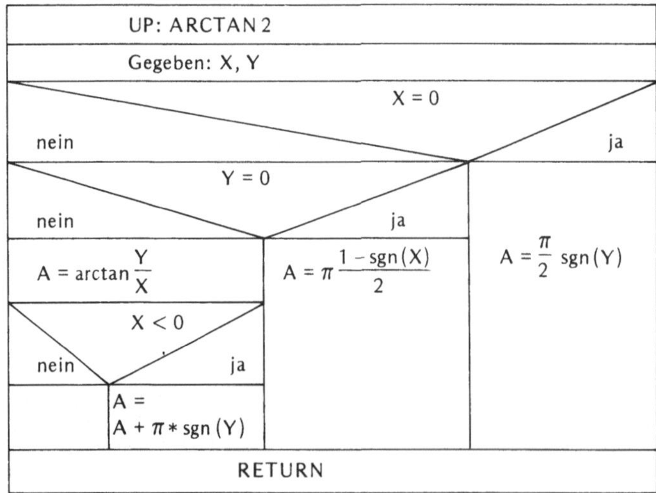

Bild 6.5 Richtungswinkel in der Ebene

```
10 REM  ***          RICHTUNG      ***
100 INPUT"X , Y";X,Y
110 GOSUB 8100
120 PRINTA
130 END
8100 REM  *** ARCUSTANGENS-UP.***
8110 IF X<>0THEN 8140
8120 A=π/2*SGN(Y)
8130 GOTO8200
8140 A=ATN(Y/X)
8150 IF X<0THEN8200
8160 A=A+π*SGN(Y)
8200 RETURN
```

Bild 6.6

BASIC-Programm: Richtung

6.3 Zinsfristen

Eine Basisgröße bei der Berechnung von Zinsen für eine Spareinlage oder auch einen Kredit ist die Laufzeit. Wir wollen unterstellen, daß wir Anfangs- und Enddatum kennen, und ausrechnen, wie viele Tage dazwischen liegen.

Wird bei dieser Aufgabe nach der tatsächlichen Frist gefragt, bereitet die Lösung einige Mühe. Wir legen stattdessen die bei deutschen Kreditinstituten übliche vereinfachte Zeitenrechnung zugrunde: Jeder Monat hat 30, jedes Jahr 360 Tage.

Für die Eingabe sehen wir sechs Variablen vor:

Anfangs-	End-	
T1	T2	– Tag
M1	M2	– Monat
J1	J2	– Jahr

Ausgabe: Laufzeit N in Tagen.

Entwerfen Sie das Struktogramm, nach dem aus diesen Startwerten die Laufzeit ermittelt werden kann.

DENKPAUSE

Wie Sie später sehen werden, gibt es verschiedene Lösungswege, die sich auch in ihrer Länge deutlich unterscheiden.

Eine Lösungsidee ist, zunächst die Tages-, dann die Monats- und schließlich die Jahresangaben auszuwerten. Ein entsprechendes grobes Struktogramm ist in Bild 6.7, Version a), gezeigt. Am Beispiel der Tagesangaben wollen wir ein mögliches Auswertungsprinzip näher erläutern.

Wenn T1 nicht größer ist als T2, liefert die Differenz T2–T1 den gesuchten Beitrag zur Laufzeit. Andernfalls wird in Analogie zur schriftlichen Subtraktion verfahren und eine Einheit der nächsthöheren Stelle – hier ein Monat – zuhilfe genommen. Bild 6.7, Version b), zeigt eine entsprechende Darstellung im Struktogramm. Da die Codierung von

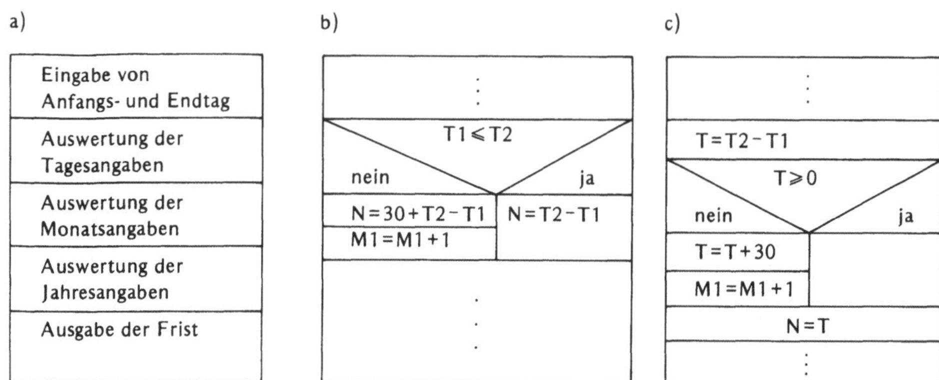

Bild 6.7 Vorbetrachtung zur Zinsfristenberechnung

Alternativen nicht in allen Programmiersprachen unterstützt wird, stellen wir eine weitere Lösungsvariante vor, bei der im Entscheidungsblock ein Teilweg leer bleibt (Bild 6.7, Version c).

Sofern Sie Ihren Entwurf nicht fertigstellen konnten, wäre jetzt ein zweiter Versuch angebracht.

DENKPAUSE

Die direkte Übertragung des oben erläuterten Verfahrens auf Monats- und Jahresangaben führt zu dem Struktogramm in Bild 6.8, Version a). Haben Sie auch den Eindruck, daß diese Lösung für eine einfache Laufzeitberechnung recht lang geraten ist? Warum ist sie so lang?

Falls korrekte Datumseingaben erfolgen, wird die Variable N in Version a) niemals negativ. Bringt das irgendeinen Vorteil? Entscheidend ist doch der Endwert von N. Alle zwischengeschalteten Prüfungen sind überflüssig. Es reicht eine abschließende Kontrolle, so daß sich die Lösung aus Bild 6.8, Version b), ergibt. Diese läßt sich noch weiter verkürzen, wenn die drei Wertzuweisungen zu einer zusammengefaßt werden.

a)

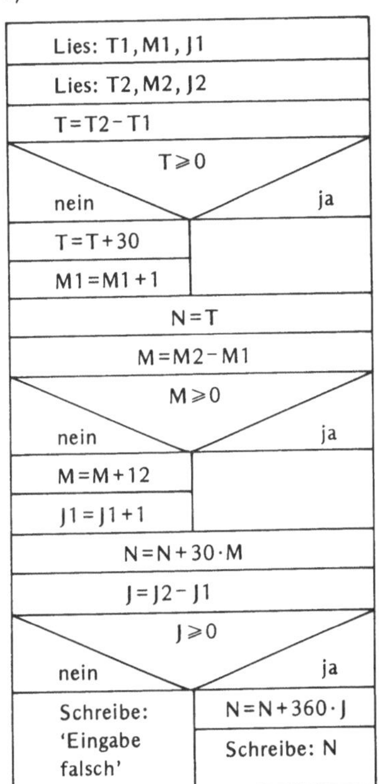

b)

Lies: T1, M1, J1
Lies: T2, M2, J2
N=T2−T1
N=N+30·(M2−M1)
N=N+360·(J2−J1)
N<0
ja
nein
Schreibe: 'Eingabe falsch'
Schreibe: N

Bild 6.8
Zinsfristenberechnung

```
10 REM ***            FRISTEN              ***
100 INPUT "T1,M1,J1";T1,M1,J1
110 INPUT "T2,M2,J2";T2,M2,J2
130 N=T2-T1
140 N=N+30*(M2-M1)
150 N=N+360*(J2-J1)
160 IF N<0 THEN 190
170 PRINT N
180 GOTO 200
190 PRINT "EINGABE FALSCH"
200 END
```

Bild 6.9
BASIC-Programm: Fristen

7 Zyklusstruktur

Programme mit linearer Struktur und solche mit Baumstruktur sind durch einen geringen Nutzungsgrad der geschriebenen Befehle charakterisiert. Auf dem Weg vom Programmanfang zum Programmende werden die Befehle genau einmal (linear) oder höchstens einmal (Baum) ausgeführt. Die Effektivität des Programmierens steigt, wenn Programmteile während der Ausführung wiederholt werden, und daher die Zahl der zu schreibenden Befehle (deutlich) geringer ist als die Zahl der auszuführenden. Problemen mit derartiger Zyklusstruktur wollen wir uns jetzt zuwenden.

7.1 Summation

Erörtern wir zuerst das Problem, eine Summe von mehreren Zahlen zu berechnen! Wer das noch durch Kopfrechnen erledigen kann, geht doch wohl folgendermaßen vor: Addieren der ersten beiden Zahlen ergibt eine Zwischensumme. Zu dieser Zwischensumme wird eine weitere Zahl addiert, was die Zwischensumme der ersten drei Zahlen ergibt. Zu dieser Zwischensumme wird die 4. Zahl addiert, und man hat die Zwischensumme der ersten vier Zahlen berechnet. So wird fortgefahren, bis alle Summanden verarbeitet sind. Der ständig wiederholte Rechenschritt in allgemeiner Formulierung:

neue Zwischensumme = alte Zwischensumme + Summand

Soll die Berechnung per Programm erfolgen, ist der entscheidende Gedanke, eine Variable bereitzustellen, auf der die zeitliche Folge der Zwischensummen fortgeschrieben wird. Damit ergibt sich für die Summation eine zentrale Anweisung der Form

Summe = Summe + Summand

Diese Anweisung muß solange mit immer neuen Summanden wiederholt werden, bis alle Zahlen aufaddiert sind.

Konkretisieren wir nun die Aufgabenstellung!

Eingabe: Anzahl N der Summanden
danach die einzelnen Summanden

Ausgabe: Endsumme

Wiederholt auszuführen ist nicht nur die obige Summationszeile, sondern auch das Lesen eines Summanden. Daher nehmen wir in das Struktogramm einen Wiederholungsblock auf, der mindestens diese beiden Aktionen enthält (s. Bild 7.1, Version a). Wie wir aus Abschnitt 4.2 wissen, *muß* in den Wiederholungsblock eine Abbruchbedingung eingefügt werden. Was sagt die Aufgabenstellung zu diesem Teilproblem?

Es soll eine bestimmte Anzahl von Summanden verarbeitet werden. Deshalb muß in der Schleife auch die Anzahl gelesener Summanden mitgezählt werden. Dazu wird eine

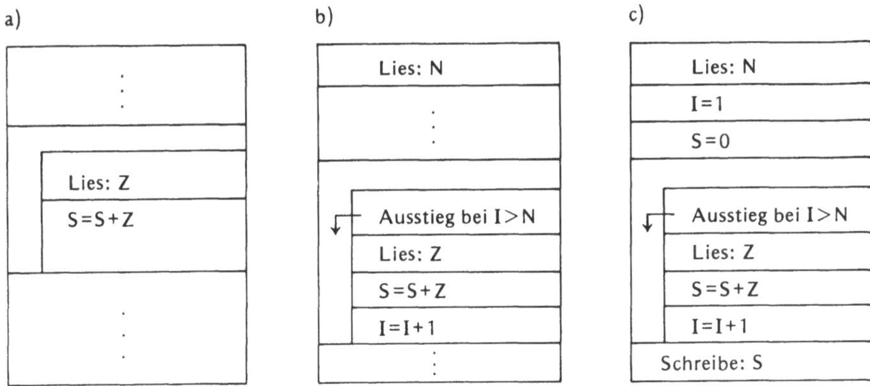

Bild 7.1 Summenberechnung

```
10 REM ***              SUMME              ***
100 INPUT "ANZAHL DER SUMMANDEN ";N
110 S=0
120 FOR I=1 TO N
130 INPUT "SUMMAND ";Z
140 S=S+Z
150 NEXT I
160 PRINT "WERT DER SUMME = ";S
170 END
```

Bild 7.2
BASIC-Programm: Summe

Zählvariable I eingeführt und bei jedem Durchlauf um 1 erhöht. Die Schleife wird verlassen, wenn I groß genug geworden ist.

Es gibt mehrere Möglichkeiten, diese beiden Dinge in den Schleifenkörper einzufügen. Erinnern Sie sich an den Rat, den Körper mit der Abbruchbedingung zu beginnen? Hilfreich ist oft auch, die Bedeutung der Zählvariablen I präzise zu definieren. Wir legen deshalb fest, daß I bei der Zeile S = S + Z die laufende Nummer des gerade verarbeiteten Summanden Z bedeuten soll. Damit ergibt sich eine Fortschreibung unseres Struktogrammentwurfs, wie Bild 7.1, Version b), zeigt.

Nach dem Verlassen der Schleife muß noch die Ausgabe der Summe erfolgen. Was ist aber noch nötig vor Eintritt in den Schleifenblock? Mindestens müssen die Variablen S und I mit Anfangswerten versorgt werden, weil diese Variablen im Schleifenkörper fortgeschrieben werden. Im übrigen lassen wir uns von einem wohlverstandenen „Faulheitsprinzip“ leiten. Obwohl bei den Vorüberlegungen die ersten beiden Summanden scheinbar anders verarbeitet wurden als die nachfolgenden, versuchen wir, alle Summanden in der Schleife zu verarbeiten, also alle nach dem gleichen Rechengang. Welcher „alte Zwischensummenwert“ S paßt dabei zum ersten Summanden Z?

Das Ergebnis wird korrekt bei S = 0, also nehmen wir diesen Startwert. Den Startwert für I können wir direkt aus der oben gegebenen Definition von I ablesen. Damit ergibt sich das Struktogramm aus Bild 7.1, Version c).

7.2 Lottochancen

Gar mancher wundert sich, daß ihm der Lottohauptgewinn bislang versagt blieb. Lassen Sie uns das Problem am Beispiel „6 aus 49“ diskutieren. Überlegen wir, wieviel verschiedene Folgen von sechs Zahlen aus dem Vorrat von 49 Zahlen gezogen werden können.

Für die erste Zahl gibt es 49 Möglichkeiten. Da noch 48 Werte übrigbleiben, gibt es für die zweite Zahl 48 Möglichkeiten. Für zwei Zahlen mithin $49 \cdot 48$ verschiedene Ergebnisse (unter Beachtung der Reihenfolge); denn jede der ersten 49 kann mit jeder der zweiten 48 Zahlen kombiniert werden. In Fortsetzung dieser Argumentation ergeben sich für eine Folge von sechs Zahlen $49 \cdot 48 \cdot 47 \cdot 46 \cdot 45 \cdot 44$ Möglichkeiten.

Dem Lottospieler reicht, die richtige Zahlenmenge vorhergesagt zu haben, die Ziehungsreihenfolge ist unwichtig. Daher wäre zu überlegen, auf wie viele Arten sechs bestimmte Zahlen aufgereiht werden können. Die Antwort: $6 \cdot 5 \cdot 4 \cdot 3 \cdot 2 \cdot 1$. Die Zahl verschiedener Lottoreihen (ohne Ziehungsreihenfolge) erhält man als Quotienten der beiden Produkte:

$$\frac{49 \cdot 48 \cdot 47 \cdot 46 \cdot 45 \cdot 44}{1 \cdot 2 \cdot 3 \cdot 4 \cdot 5 \cdot 6}$$

Brüche dieser Struktur treten auch in anderer Umgebung auf. Es gibt dafür die abkürzende Sprechweise „49 über 6“ und die Schreibweise $\binom{49}{6}$.

Wir wollen ein Programm entwerfen, mit dem beliebige dieser „Binomialkoeffizienten“ $\binom{N}{K}$ berechnet werden können. Es gilt

$$\binom{N}{K} = \frac{N(N-1)\,(N-2)\,...\,(N+1-K)}{1 \cdot 2 \cdot \;...\; \cdot K} \qquad N,K \in \mathbb{Z},\; K > 0$$

$$\binom{N}{0} = 1 \qquad N \in \mathbb{Z}$$

Das Programm soll ein sinnvolles Zahlenpaar N und K lesen und den Wert von $\binom{N}{K}$ ausgeben, also

Eingabe: N und K

Ausgabe: $\binom{N}{K}$

Da die Anzahl der Faktoren – je K in Zähler und Nenner – von Fall zu Fall variiert, muß eine Schleife vorgesehen werden. Bei jedem Durchlauf wollen wir je einen Faktor aus Zähler und Nenner berücksichtigen. Da die Anzahl der Durchläufe bekannt ist, können wir die gleiche Schleifensteuerung verwenden wie in Beispiel 7.1. Wir erhalten als ersten Ansatz die Version a) aus Bild 7.3. Versuchen Sie, die Lücken zu schließen, ohne sich bei Version b) und im nachstehenden Text Anregungen zu holen.

DENKPAUSE

Die Lücken in Version a) waren die Formulierung des jeweiligen Zählers und das Setzen der Startwerte. Die Faktoren im Zähler werden von Durchlauf zu Durchlauf um 1 kleiner, wenn man sie von vorn her abarbeitet. Wir führen deshalb hierfür eine weitere Variable M ein, die den Startwert N erhält. Als Startwert für B ist die 0 höchst ungeeignet, wir müssen die 1 nehmen, da sie hinsichtlich der Multiplikation den neutralen Wert darstellt (Bild 7.3, Version b).

Ihre Lösung kann hiervon in verschiedenen Punkten abweichen und dennoch korrekt sein.

– Anstelle von M wird N verwendet. Diese Fassung ist sogar kürzer als die Musterlösung. Dagegen spricht nur die Erfahrung, daß man gut beraten ist, die Eingangsgrößen eines Programms (hier N und K) grundsätzlich nicht zu verändern. Allzu oft erlebt der Pro-

a)

Lies: N, K
I=1
⋮
↓ Ausstieg bei I>K
B=B · (...)/I
⋮
I=I+1
Schreibe: B

b)

Lies: N, K
I=1
M=N
B=1
↓ Ausstieg bei I>K
B=B · M/I
M=M − 1
I=I+1
Schreibe: B

Bild 7.3
Binomialkoeffizient $\binom{N}{K}$

```
10 REM ***     BINOMIALKOEFFIZIENT     ***
100 INPUT " N,K  FUER 'N UEBER K' ";N,K
110 M=N: B=1: IF K<0 THEN 100
120 IF K=0 THEN 170
130 FOR I=1 TO K
140 B=B*M/I
150 M=M-1
160 NEXT I
170 PRINT " '";N;"UEBER";K;"'  IST ";B
180 END
```

Bild 7.4 BASIC-Programm: Binomialkoeffizient

grammierer, daß er die Originaleingabewerte später doch noch braucht (komfortable Ausgabe, unerwartete Programmerweiterung, Denkfehler, ...).

– Der jeweilige Zähler kann auch mit Hilfe von I formuliert werden:

$$B = B \cdot (N + 1 - I)/I$$

Bezogen auf die aktuelle Aufgabe ist diese Lösung praktisch gleichwertig mit der Musterlösung. Bei verwandten Problemstellungen mit komplizierteren Bildungsgesetzen führt hingegen die Benutzung spezieller Variabler zu mehr Transparenz.

– Die Zählerfaktoren werden von rechts her in aufsteigender Folge abgearbeitet. Hiergegen sprechen allenfalls mathematische Gründe. Die Musterlösung erlaubt die Berechnung von $\binom{N}{K}$ unter alleiniger Verwendung ganzer Zahlen, weil die nötigen Teilbarkeitsbedingungen bei der dort verwendeten Strategie garantiert sind. Für einige Programmiersprachen kann das ein Vorteil sein.

Bei der bisherigen Diskussion haben wir den Fall $\binom{N}{0}$ gar nicht erörtert. Überzeugen Sie sich davon, daß er (zufällig?) korrekt abgehandelt wird.

Für das Spiel „6 aus 49" erhalten Sie knapp 14 Millionen Möglichkeiten. Beachten Sie, daß man in 75 Lottojahren nur ca. 4000 Ziehungen erlebt. Wundern Sie sich noch, daß so viele vergeblich auf den Hauptgewinn warten?

Zum Trost soll überlegt werden, wie oft im statistischen Mittel 3 Richtige erzielt werden. Von den 6 angekreuzten Zahlen müssen genau 3 richtig und genau 3 falsch sein. Nach der Ziehung liegen 6 richtige und 43 falsche Zahlen fest. Daher gibt es

$$\binom{6}{3} \cdot \binom{43}{3}$$

Möglichkeiten, genau 3 Richtige zu erzielen. Falls Ihr Programm korrekt ist, können Sie es auch hier einsetzen. Sie werden eine Gewinnwahrscheinlichkeit von ca. 0,02 errechnen, d.h. im Schnitt erzielt man etwa einmal pro Jahr 3 Richtige.

7.3 Durchschnittlicher Benzinpreis

Mancher Leser sammelt seine Tankbelege. Seitdem die Benzinpreise nahezu täglich wechseln, mag es ganz informativ sein zu wissen, welcher Preis pro Liter im Monatsdurchschnitt für die verbrauchte Menge gezahlt werden mußte.

Wer sich hingegen nicht für die Benzinpreise interessiert, sollte dieses Beispiel zum Anlaß nehmen, eine neue Form der Schleifensteuerung kennenzulernen und das Entwerfen von Struktogrammen zu üben.

Der Benutzer unseres Programmes hat über den Mittelungszeitraum (z.B. einen Monat) eine Reihe von Belegen gesammelt. Auf jedem steht eine Mengen- und eine Preisangabe. Wir wollen das Programm so gestalten, daß er nicht gezwungen ist, die Belege zu zählen, weil die Eingabe von deren Anzahl erwartet wird. Vielmehr soll er jeweils nur die Zahlenpaare Menge und Preis eingeben. Hat er alle Belege erfaßt, muß er die Information „Ende der Eingabe" geben, in der DV-Literatur oft als EOF (end of file) bezeichnet. Rein technisch geschieht das durch die Betätigung einer rechnerspezifischen Spezialtaste bzw.

Tastenfolge anstelle des vom Programm erwarteten Datensatzes, hier anstelle des Zahlenpaares. (Falls Ihr Rechner nicht gestattet, die EOF-Situation im Programm abzufangen, beschließen Sie die Eingabe mit einem Schlußsatz, dessen Daten nicht mit echten Daten verwechselt werden können, hier z.B. negative Werte.)

Die Darstellung dieser Steuerung sehen Sie in Bild 7.5, Version a). Das Lesen und die EOF-Ausstiegsbedingung müssen direkt untereinander stehen. Werden Sie sich nun darüber klar, was im einzelnen zu tun ist. Was gehört in die Schleife, was dahinter, was davor? Entwerfen Sie Ihr Struktogramm!

DENKPAUSE

Ihr Konzept sollte vorsehen, in der Schleife die Mengen und die Preise separat zu summieren (Bild 7.5, Version b). Nach der Schleife wird der Gesamtpreis durch die Gesamtmenge dividiert und dieser Quotient als Durchschnittspreis ausgegeben. Vor der Schleife sind Startwerte nötig für die Variablen, die in der Schleife fortgeschrieben werden (Bild 7.5, Version c).

Es darf unterstellt werden, daß alle ernsthaft interessierten Leser versucht haben, das Struktogramm zu entwerfen. Viele werden nicht auf die Musterlösung gekommen sein. Mangels prophetischer Gaben kann der Autor an dieser Stelle leider keine gezielte Fehlerdiskussion betreiben. Er kann aber in Bild 7.6 Fehler vorstellen, die er bei FH-Studenten beobachtet hat.

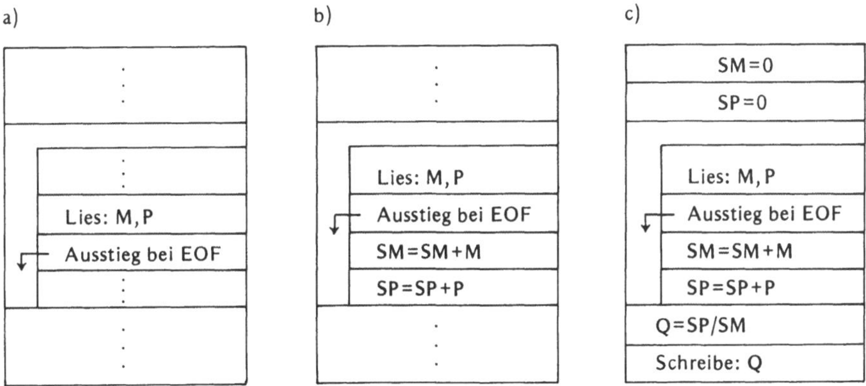

Bild 7.5 Durchschnittlicher Benzinpreis

In Bild 7.6, Version a), sind die Startwerte falsch plaziert! Sie müssen *vor* dem Wiederholungsblock stehen, für den sie benötigt werden, am besten unmittelbar davor.

In Version b) zeigt sich der Irrtum, der mittlere Tagespreis sei der gesuchte Durchschnittspreis.

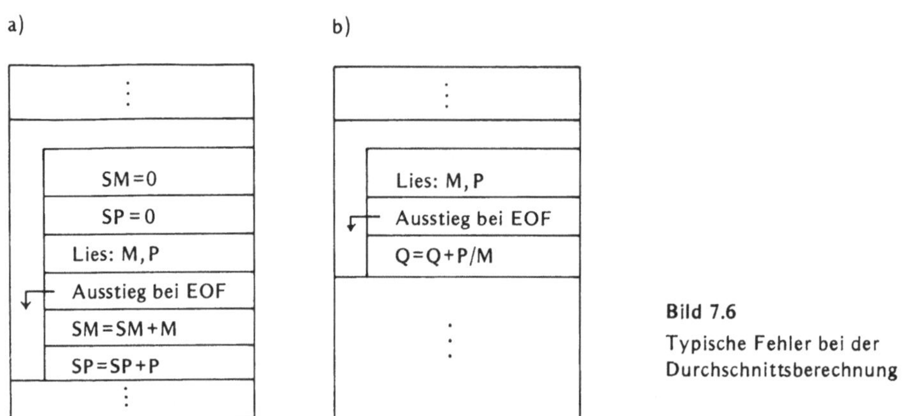

Bild 7.6
Typische Fehler bei der Durchschnittsberechnung

```
10 REM ***     PREIS PRO LITER
100 SM=0: SP=0: Q=-1
110 M=0: INPUT " LITER, PREIS ";M,P
120 IF M=0 THEN 160
130 SM=SM+M
140 SP=SP+P
150 GOTO 110
160 IF SM>0 THEN Q=SP/SM
170 IF Q>=0 THEN PRINT Q;"DM/LITER"
180 END
```

Bild 7.7
BASIC-Programm: Preis pro Liter

Beispiel:

20 l für 20 DM, 1,– DM/l
80 l für 160 DM, 2,– DM/l
mittlerer Tagespreis: 1,50 DM/l

aber: 180,– DM für 100 l ergibt 1,80 DM/l Monatsdurchschnitt.

Weitere Fehler können Sie im Gebrauch der Symbole begehen. Überprüfen Sie insbesondere, ob Ihr Wiederholungsblock formal korrekt ist und ob Sie das Prinzip der Kantendeckung eingehalten haben. Als weiterer Mangel könnten in Ihrem Schleifenblock Anweisungen stehen, die dahinter gehören.

7.4 Wechselgeldzahlung

An den Kassen der Supermärkte wird das Wechselgeld in der Regel von einem Automaten ausgezahlt. Wir wollen ein entsprechendes Programm konzipieren, das ausgibt, wieviel Stücke der einzelnen Münzarten zu nehmen sind, wenn der auszuzahlende Betrag (in der Einheit DM) bekannt ist. Dabei soll die minimale Anzahl von Münzen verwendet werden.

Wir legen die Münzarten 1 Pf, 2 Pf, 5 Pf, 10 Pf, 50 PF, 1 DM, 2 DM, 5 DM zugrunde und unterstellen, daß von jeder Art hinreichend viele Münzen vorhanden sind. Programmintern arbeiten wir in der Einheit Pf, also mit ganzzahligen Münzwerten, weil dadurch die spätere Codierung in einigen Sprachen (z.B. FORTRAN) vereinfacht wird.

Die Lösung läßt sich linear formulieren, wenn die notwendigen Befehle für jede Münzart separat geschrieben werden, also achtmal. Vernünftiger ist, die Münzwerte auf indizierten Variablen (s. Kap. 2) zu speichern und die Verarbeitung als Schleife zu konzipieren. Halten wir noch einmal fest:

Eingabe: auszuzahlender Betrag in DM
Ausgabe: Anzahl und Art erforderlicher Münzen.

Entwerfen Sie Ihr Struktogramm! Wer noch einen Tip braucht, sollte sich erneut Abschnitt 5.3 ansehen.

DENKPAUSE

Nach der Umrechnung des Zahlungsbetrages in Pf ist zu prüfen, wie oft der größte Münzwert (500 Pf) zur Auszahlung kommen muß. Die Antwort erhält man durch Division und Abschneiden des nicht ganzzahligen Teils des Quotienten.

Beispiel:

Zu zahlen sei 14,50 DM. 1450/500 gibt 2,9.
Der ganze Teil ist 2, also 2 Stück zu 5 DM zahlen.

Nach der Zahlung muß der restliche Zahlungsbetrag entsprechend reduziert werden. Anschließend wird mit der nächstkleineren Münze analog verfahren. So geht es weiter, bis der gesamte eingangs gelesene Betrag gezahlt ist (s. Bild 7.8, Version a).

a)

Lies: Z
M=Z · 100
K=INT (M/500)
Schreibe: K, 'Münzen zu 5 DM'
M=M−K · 500
analog für die kleineren Münzwerte

b)

```
⋮
Lies: Z
M=Z · 100
(Schleife)
   ⋮
   K=INT(M/W(N))
   Schreibe: K,
   'Münzen der Art', W(N)
   M=M−K · W(N)
   N=N+1
```

Bild 7.8
Vorstufe zur Wechselgeldzahlung

Das gezeigte Struktogramm mag manchem Leser gefallen, als Lösung können wir es aber nicht gelten lassen. Erinnern Sie sich, was in Kapitel 3 zum Feinheitsgrad von Struktogrammen gesagt wurde? Die dort aufgestellten Forderungen haben wir nicht annähernd eingehalten. Der Verweis auf die analoge Behandlung der anderen Münzarten ist unzulässig. Derartige Formulierungen verdecken oft nur die eigene Denkfaulheit.

Würde ohne Hinzunahme neuer Ideen die Version a) in ein Programm übertragen, ergäbe sich bestenfalls die oben abgelehnte lineare Lösung. Version a) muß als Sackgasse eingestuft werden. Doch auch der richtige Weg wurde oben schon angedeutet. Die Münzwerte müssen auf indizierten Variablen stehen. Dadurch wird ermöglicht, die Lösung als Schleife zu formulieren und jeweils durch Indexänderung auf den nächsten Münzwert überzugehen.

Wer seinen Entwurf noch nicht fertiggestellt hat, sollte sich jetzt noch einmal daran versuchen. Falls erforderlich, darf Bild 7.8, Version b), als Starthilfe genutzt werden.

DENKPAUSE

In Version b) aus Bild 7.8 fehlt der Ausstieg aus der Schleife. Der läßt sich z.B. mit Hilfe der Zählvariablen N formulieren. Außerdem muß N vor dem Wiederholungsblock einen Startwert erhalten. Schließlich müssen die Feldelemente W(1) bis W(8) noch mit den Münzwerten besetzt werden. Da in der Schleife mit aufsteigendem Index N gearbeitet wird, muß der größte Münzwert bei W(1) stehen. So erhält man die Lösung aus Bild 7.9, Version a).

In dem entsprechenden Programm müssen nicht zwangsläufig acht Wertzuweisungen für die Definition der acht Münzwerte stehen. Viele Sprachen verfügen über spezielle Techniken für das Festlegen individueller Anfangswerte, die an dieser Stelle verwendet werden können. Sehen Sie sich an, ob Ihr Rechner entsprechende Alternativen bietet.

An der Lösung aus Bild 7.9, Version a), stört noch, daß stets acht Ausgabezeilen erscheinen. Genügt es nicht, die im aktuellen Fall benutzten Münzarten anzusprechen? Müssen jedesmal alle acht Münzarten überprüft werden? Falls Ihr Entwurf die gleichen Schwächen enthält, sollten Sie ihn verbessern.

DENKPAUSE

Bild 7.9, Version b), zeigt eine entsprechend überarbeitete Lösung. Im Hinblick auf eine bequemere Handhabung in der Testphase haben wir eine weitere Schleife eingefügt. Nach vollständiger Bearbeitung kehrt das Programm wieder an den Anfang zurück und fragt nach dem nächsten Zahlungsbetrag. Dieses Prinzip ist für viele Problemstellungen sinnvoll. Das Programm bietet seine Dienste solange an, bis der Benutzer die Beendigung verlangt.

Die Lösung aus Bild 7.9, Version b), läßt sich im Ausgabeteil noch verschönern. Gestalten Sie Ihr Programm so, daß von ‚5-DM-Münzen‘ bis ‚1-DM-Münzen‘ bzw. ‚50-Pf-Münzen‘ bis ‚1-Pf-Münzen‘ gesprochen wird.

Haben Sie sich eigentlich durch einen umfassenden Test davon überzeugt, daß die Musterlösungen aus Bild 7.9 korrekt arbeiten?

a)

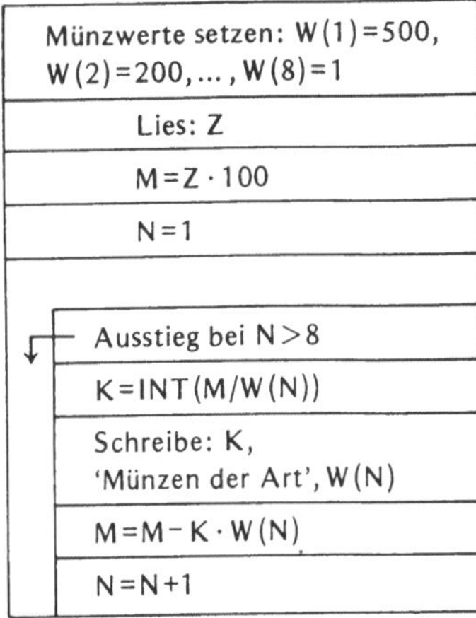

b)

Münzwerte setzen: W(1)=500,
W(2)=200, … , W(8)=1

Lies: Z

Ausstieg bei EOF

M=Z · 100

N=1

Ausstieg bei M⩽0

K=INT (M/W(N))

K>0

nein | ja

Schreibe: K,
'Münzen der Art', W(N)

M=M−K · W(N)

N=N+1

Bild 7.9 Wechselgeldzahlung

```
10 REM ***      WECHSELGELD                ***
20 DIM W(8)
30 DATA 500,200,100,50,10,5,2,1
40 FOR I=1 TO 8: READ W(I): NEXT I
100 Z=0: INPUT " ZAHLUNGSBETRAG ";Z
110 IF Z=0 THEN 220
120 M=Z*100
130 FOR N=1 TO 8
140 IF M<=0 THEN 210
150 K=INT(M/W(N))
160 IF K<=0 THEN 200
170 IF N<4 THEN PRINT K;"MAL";W(N)/100;"DM"
180 IF N>3 THEN PRINT K;"MAL";W(N);"PF"
190 M=M-K*W(N)
200 NEXT N
210 GOTO 100
220 END

READY.
```

Bild 7.10 BASIC-Programm: Wechselgeld

Etliche Leser werden wohl mit „Nein“ antworten müssen. Das kann drei Gründe haben:

1. Sie haben keinen Zugang zu einem Rechner, was als Ausrede anerkannt wird.
2. Sie haben nach einigen richtigen Ergebnissen das Testen eingestellt. Überlegen Sie, ob Sie wirklich alle wesentlich verschiedenen Fälle ausprobiert haben.
3. Sie haben einen Fehler gefunden! Das verdient großes Lob! Bei einigen Rechnern und einigen Endziffern wird nämlich ein Pfennig unterschlagen. Dieser Schaden läßt sich durch konsequente Rundung beheben. Schreiben Sie oben

   M = INT (Z * 100 + 0.5)

   und, falls das nicht reicht, auch unten

   M = INT (M–K * W(N) + 0.5)

   Treten danach noch Fehler auf, haben Sie wahrscheinlich das Struktogramm nicht korrekt ins Programm übertragen.

8 Fallstudien

Nachdem wir in den vorangegangenen Kapiteln die verschiedenen Grundstrukturen von Programmen kennengelernt haben, wollen wir uns nun komplexeren Problemen zuwenden. Je umfassender die Aufgaben werden, desto sicherer werden Ihre Entwürfe von den abgedruckten Musterlösungen abweichen. Versuchen Sie, durch Vergleich der Struktogramme zu entscheiden, ob Ihre Entwürfe korrekt sind. Falls Ihnen ein Rechner zur Verfügung steht, sollten Sie den nicht zu früh in die Bearbeitung einbeziehen. Erst wenn Sie wirklich überzeugt sind, ein richtiges Struktogramm entworfen zu haben, übersetzen Sie es in die Sprache Ihres Rechners – und erhalten bei den nachfolgenden Testläufen hoffentlich oft die Bestätigung, daß Ihr Lösungsweg stimmt.

Die Reihenfolge der in diesem Kapitel angesprochenen Themen deutet nicht zwangsläufig auf einen wachsenden Schwierigkeitsgrad hin. Wer mit einem der aufgegriffenen Fälle gar nicht zurechtkommt, bewältigt den nächsten möglicherweise ohne nennenswerte Mühe.

8.1 Datumsfortschreibung

In zahlreichen Problemstellungen, in denen Termine und Fristen zu beachten bzw. zu bearbeiten sind, taucht das Teilproblem der Datumsfortschreibung auf. Damit ist gemeint, das Datum des Tages zu berechnen, der eine bestimmte Anzahl von Tagen nach einem gegebenen Anfangsdatum liegt. Welches Datum hat z.B. der 57. Tag nach dem 17. Juni? (Antwort: 13. August.) Für dieses Teilproblem wollen wir eine Routine konzipieren, natürlich unter Beachtung des Schalttages 29. Februar, die an anderer Stelle als Unterprogramm eingesetzt werden kann.

Da diese Routine von anderen Programmen aktiviert werden soll, kann der Datenaustausch nicht über Lese- und Schreibekommandos erfolgen. Vielmehr wird die Schnittstelle von einigen Variablen gebildet. Wir unterstellen, daß diese Variablen vom rufenden Programm gemäß der Schnittstellendefinition versorgt sind. Beim Ausgang aus unserer Routine stellen wir das Ergebnisdatum auf den entsprechenden Variablen bereit.
Schnittstellendefinition:

Variable	Eingang	Ausgang
J	Anfangs-Jahr	End-Jahr
M	Anfangs-Monat	End-Monat
T	Anfangs-Tag	End-Tag
N	Anzahl von Tagen	unverändert

Unterstellt wird ein sinnvolles Anfangsdatum auf J, M, T sowie $N \geqslant 0$.

Zur Bearbeitung sind die Längen der Monate erforderlich. Wir speichern sie in einem Feld: W(1) = 31, W(2) = 28,..., W(12) = 31. Im Schaltjahr werden wir den Februar natürlich mit 29 Tagen rechnen, aber ohne W(2) zu ändern. Als Schaltjahr sehen wir vereinfacht ein Jahr J an, das ohne Rest durch 4 teilbar ist, aber nicht durch 100. Versuchen Sie nun, das (kleine) Struktogramm zu entwerfen.

DENKPAUSE

Die Frist N wird zu den Starttagen T addiert. Sollte der resultierende Tag noch im Startmonat liegen, ist alles erledigt. Andernfalls werden der Monat um 1 erhöht und T um die entsprechenden Tage reduziert. Sollte das Jahresende erreicht sein, müssen J und M angepaßt werden. Dieser Prozeß muß solange laufen, bis auf J, M und T ein zulässiges Datum steht.

Wenn Sie Schwierigkeiten hatten, sollten Sie die Besonderheit des Schaltjahres zunächst ignorieren und den verbal formulierten Lösungsweg in ein Struktogramm umsetzen.

DENKPAUSE

Günstigstenfalls stimmt Ihr Entwurf dann mit Bild 8.1, Version a), überein. Zur vollständigen Lösung ist noch zu überprüfen, ob gerade der Februar eines Schaltjahres an der Reihe ist und deshalb mit 29 statt mit 28 Tagen zu rechnen ist (Bild 8.1, Version b).

Um Mißdeutungen vorzubeugen, haben wir am Anfang der Struktogramme noch einmal aufgeführt, was das rufende Programm anliefern muß. Auch das Füllen des Feldes W wurde angedeutet. Codiert wird diese Initialisierung von W(1) bis W(12), aber kaum durch 12 Wertzuweisungen. In den meisten Sprachen bestehen für diesen Vorgang Spezialanweisungen.

Bei Sprachdialekten mit ausschließlich globalen Variablen muß der Benutzer noch überprüfen, ob die verwendeten Namen frei sind. Wir haben dieser Problematik dadurch Rechnung getragen, daß wir mit W und L nur zwei zusätzliche Namen benutzen.

Für manche Anwendungen ist die Darstellung des Datums auf drei Variablen (J, M, T) ungünstig, es reicht dafür ja auch eine. Auch für diese Form wollen wir eine Routine zur Datumsfortschreibung bereitstellen. Das Datum soll als ganze Zahl nach folgender Konvention gespeichert sein: Einer- und Zehnerstelle für den Tag, Hunderter- und Tausenderstelle für den Monat, davor das Jahr.

Der 17. Juni 1953 wäre dann zu speichern als 19530617. Wenn man so verfährt, bedeutet ein späteres Datum eine größere Zahl. Ein potentieller Anwender dürfte auch konsequent auf die Speicherung des Jahrhunderts verzichten (530617). Er könnte unsere Routine trotzdem nutzen.

Zur bequemen Formulierung nutzen wir die in vielen Programmiersprachen vorhandene Modulodivision für natürliche Zahlen. Sie liefert den Divisionsrest. Unsere Schreibweise dafür ist z MOD n.

a)

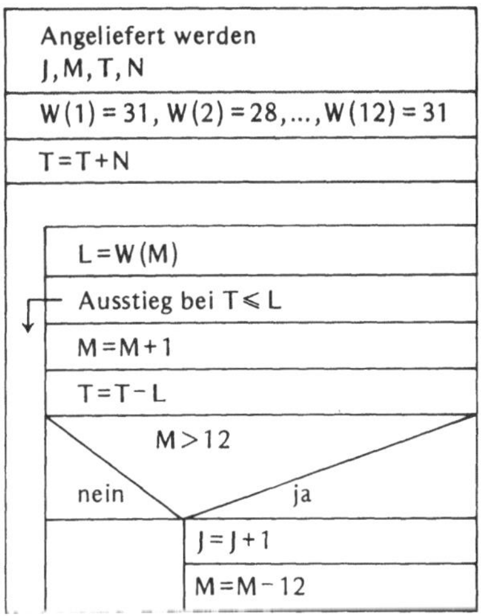

Bild 8.1 Datumsfortschreibung I

b)

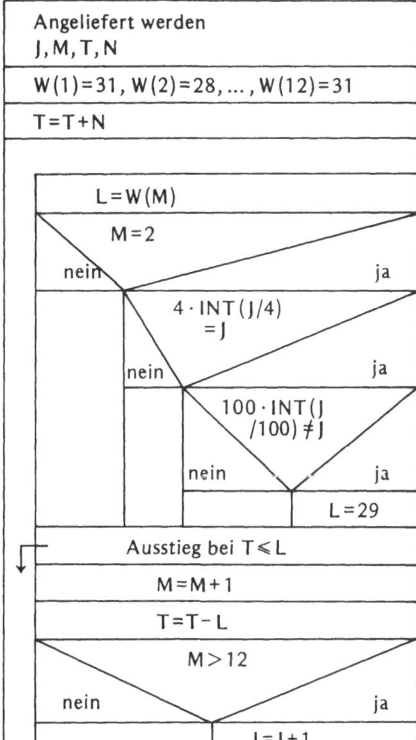

Beispiele:

10 MOD 2 ergibt 0
12 MOD 5 ergibt 2
13 MOD 7 ergibt 6

Falls Ihr Rechner nicht über diese Funktion verfügt, können Sie sich mit der INT-Funktion helfen:

z − n · INT (z/n)

(Ist die Modulofunktion vorhanden, können Sie natürlich auch schon das Struktogramm 8.1, Version b), entsprechend abwandeln.)

Folgende Schnittstellendefinition soll gelten:

Variable	Eingang	Ausgang
D	Anfangsdatum	Enddatum
N	Anzahl von Tagen	verändert!

Das Datum wird als ganze Zahl mit der Struktur (jj)jjmmtt (s.o.) dargestellt.

Versuchen Sie, das Problem direkt zu lösen. Mit „direkt" ist gemeint, daß Sie nicht das Struktogramm aus Bild 8.1, Version b), nehmen sollen und nur die Umwandlung des Datums von der einen in die andere Darstellungsform voranstellen bzw. anfügen.

DENKPAUSE

Die Logik der vorangehenden Lösung können wir natürlich übernehmen; wir müssen nur die besondere Darstellungsform des Datums beachten. Das heißt wir werden die Frist N wieder zu den Tagen hinzuzählen und anschließend den Monats- und Jahresterm solange erhöhen, bis sich ein Enddatum von zulässiger Form einstellt. Diesmal dürfen wir möglicherweise aber nicht das ganze N auf einmal addieren, weil die Zone für die Tagesspeicherung begrenzt ist: Maximalwert ist 99. Also planen wir eine Schleife ein, um das angelieferte N gegebenenfalls in mehreren Etappen abzuarbeiten. Wollen Sie Ihren Entwurf noch einmal überprüfen?

DENKPAUSE

Da unsere Monate maximal 31 Tage haben, könnten in einem Durchgang maximal 68 der N Tage abgetragen werden. Die Lösung wird aber transparenter, wenn wir pro Durchgang um höchstens einen Monat fortschreiten, deshalb die Grenze von 28 Tagen in Bild 8.2,

a)

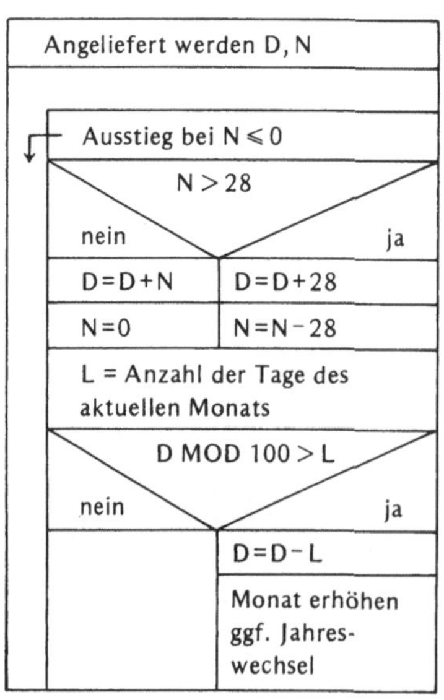

b)

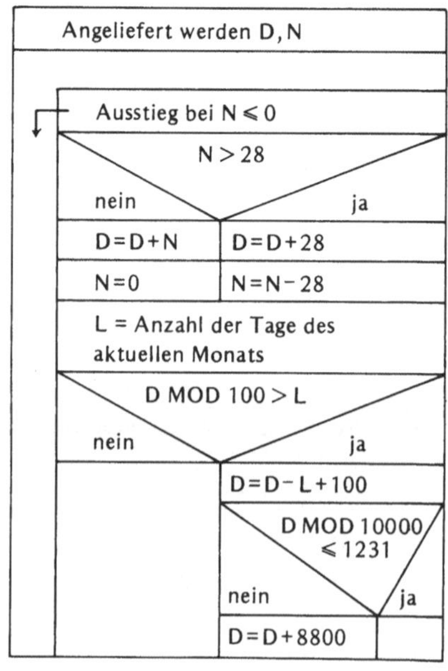

Bild 8.2 Vorstufen zu Datumsfortschreibung II

Version a). Stehen in der Tageszone mehr Tage als zulässig, wird hier um die Tage des aktuellen Monats reduziert. Zum Ausgleich muß natürlich zum nächsten Monat übergegangen werden, und eventuell ist auch ein Jahreswechsel vorzunehmen. Lassen Sie uns nun überlegen, mit welchen Anweisungen das erreicht wird.

Da unsere Monate maximal 31 Tage haben, könnten in einem Durchgang maximal 68 der N Tage abgetragen werden. Die Lösung wird aber transparenter, wenn wir pro Durchgang um höchstens einen Monat fortschreiten, deshalb die Grenze von 28 Tagen in Bild 8.2, Version a). Stehen in der Tageszone mehr Tage als zulässig, wird hier um die Tage des aktuellen Monats reduziert. Zum Ausgleich muß natürlich zum nächsten Monat übergegangen werden, und eventuell ist auch ein Jahreswechsel vorzunehmen. Lassen Sie uns nun überlegen, mit welchen Anweisungen das erreicht wird.

Für den Monat hatten wir die Hunderter- und Tausenderstelle des Wertes von D vorgesehen. Der Übergang zum nächsten Monat wird also durch die Addition von 100 erreicht. Wollen Sie kurz überlegen, woran die Notwendigkeit des Jahreswechsels erkannt und wie dieser vorgenommen wird?

DENKPAUSE

Auf den letzten vier Ziffern eines korrekten Datums darf maximal 1231 stehen. Ergibt die Division von D durch 10000 einen größeren Rest, wurde das Jahresende überschritten. Durch Addition von 10000 wird die Jahreszone um 1 erhöht. Zum Ausgleich muß dann die Monatszone um 12 verringert werden, daher die Subtraktion von 1200, bzw. zusammenfassend die Addition von 8800 für den Jahreswechsel (s. Bild 8.2, Version b).

Die Berechnung der Tage des aktuellen Monats einschließlich der Schaltjahrproblematik haben wir noch ausgespart bzw. hinter einer Absichtserklärung versteckt. Auch dieses Teilproblem muß gelöst werden, ehe das Struktogramm als vollständig gelten kann. Die Tage der einzelnen Monate werden wir wieder im Feld W unterbringen. Für den Zugriff benötigen wir aus D die Monatsnummer, also die Tausender- und die Hunderterziffer. Dazu separieren wir zunächst die letzten vier Ziffern und schneiden davon die letzten beiden weg. Falls es sich um den Monat Februar handelt (L = 2), ist zu prüfen, ob ein Schaltjahr vorliegt. In Bild 8.3 ist auch diese Passage eingearbeitet. Bei der Formulierung wurde wiederum versucht, mit wenig zusätzlichen Namen auszukommen (Begründung s.o.).

Eine weitere Variante der Datumsfortschreibung soll kurz angedeutet werden. Dabei wird das Datum auf einer Stringvariablen gespeichert. Im Hinblick auf die Sortierbarkeit empfiehlt sich wieder eine der Strukturen jjjjmmtt oder jjmmtt. Der Lösungsweg entspricht weitgehend der zuletzt vorgestellten Version. Die Ziffernpaare werden mit Hilfe von Substringfunktionen separiert, und der Ergebnisstring entsprechend aufgebaut. Eventuell ist auch sinnvoll, die Lösung aus Bild 8.3 zu nehmen und je ein Convert-Kommando voranzustellen und zu ergänzen.

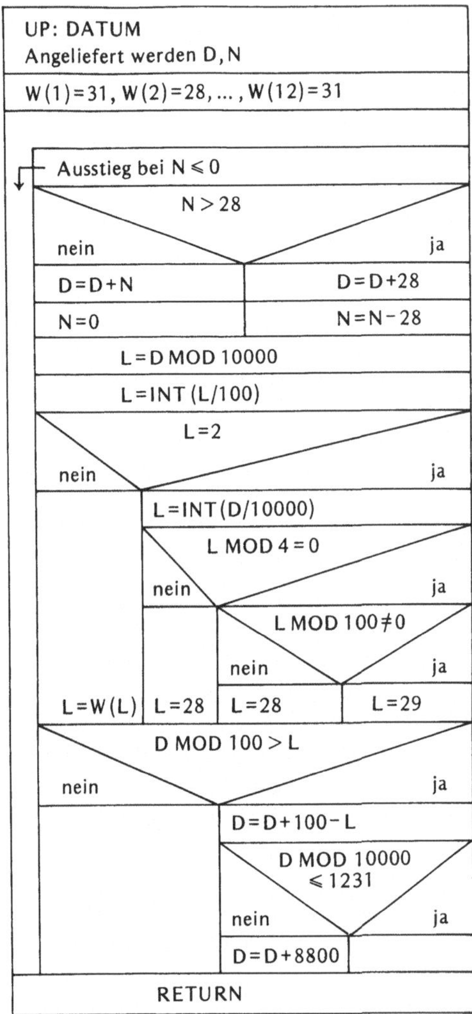

Bild 8.3 Datumsfortschreibung II

```
10 REM ***    DATUMSFORTSCHREIBUNG  ***
20 DEFFNMO(N)=Z-N*INT(Z/N)
30 DIM W(12)
40 DATA 31,28,31,30,31,30,31,31,30,31,30,31
50 FOR I=1 TO 12: READ W(I): NEXT I
100 PRINT: PRINT " EINGABE MIT KOMMA TRENNEN ! ENDE=RETURN"
110 T=0: INPUT " STARTTAG (TT,MM,JJ) ";T,M,J
120 IF T<=0 THEN 290
130 INPUT " + WIEVIEL TAGE";N
140 Z=T: D=FNMO(100)
150 Z=M: D=100*FNMO(100)+D
160 Z=J: D=10000*(100+FNMO(100))+D
200 GOSUB 1000
210 W$=STR$(D)
220 H$=RIGHT$(W$,2)+"."
230 H=LEN(W$)-2 :  W$=LEFT$(W$,H)
240 H$=H$+RIGHT$(W$,2)+"."
250 H=LEN(W$)-2 :  W$=LEFT$(W$,H)
260 H$=H$+RIGHT$(W$,2)
270 PRINT " GIBT DATUM  ";H$
280 GOTO 100
290 END
1000 REM         UP  DATUM
1010 REM   D='JJMMTT', N=ANZ. TAGE
1020 IF N<=0 THEN 1290
1030 IF N>28 THEN 1060
1040 D=D+N: N=0: GOTO 1070
1060 D=D+28: N=N-28
1070 Z=D: L=FNMO(10000)
1080 L=INT(L/100)
1090 IF L<>2 THEN L=W(L): GOTO 1200
1100 L=INT(D/10000): Z=L
1110 IF FNMO(4)=0 THEN 1130
1120 L=28: GOTO 1200
1130 IF FNMO(100)<>0 THEN 1150
1140 L=28: GOTO1200
1150 L=29
1200 Z=D: IF FNMO(100)<=L THEN 1240
1210 D=D+100-L: Z=D
1220 IF FNMO(10000)<=1231 THEN 1240
1230 D=D+8800
1240 GOTO 1020
1290 RETURN
```

Bild 8.4 BASIC-Programm: Datumsfortschreibung

8.2 Zahlungskonditionen

Im geschäftlichen Zahlungsverkehr ist es durchaus üblich, durch Gewährung von Preisnachlässen zur schnellen Bezahlung eigener Lieferungen oder Leistungen anzureizen. Zahlungsbedingungen sind von der Form: Bei Zahlung binnen 7 Tagen 3 % Skonto oder Zahlung netto, d.h. ohne Abzug, binnen 30 Tagen. Gelegentlich ist eine weitere Skontostufe eingefügt: Binnen 10 Tagen 3 %, binnen 30 Tagen 2 % oder binnen 60 Tagen Nettozahlung. Das optimale Verhalten des Zahlungspflichtigen liegt gewöhnlich darin, den maximalen Skontosatz zum dafür letzten Termin in Anspruch zu nehmen.

Im Unternehmen werden Zahlungen oft nur zu gewissen Terminen und nicht täglich vorgenommen. Wenn ein solcher Termin ansteht, ist zu entscheiden, welche Zahlungen ausgeführt werden sollen und welche bis zum nächsten Termin liegenbleiben können, weil für sie auch dann noch der gleiche Skontosatz gilt. Dieser Entscheidungsprozeß soll in ein Struktogramm umgesetzt werden.

Folgende Abkürzungen wollen wir in der weiteren Erörterung verwenden:

RD = Rechnungsdatum.
Von diesem Datum an zählen die Fristen für die verschiedenen Skontostufen.

ZT = vorgesehener Zahlungstermin

NT = nachfolgender Zahlungstermin

T_1, T_2, T_3 = Skontofristen, angegeben in Tagen.
Für das letztgenannte Beispiel gilt $T_1 = 10$, $T_2 = 30$, $T_3 = 60$ Tage.

P_1, P_2, P_3 = Skonto %-Sätze, z.B. $P_1 = 3$, $P_2 = 2$, $P_3 = 0$ %.

Die genannten Größen bilden zugleich die Eingangsschnittstelle, sie müssen mit Daten versorgt sein, ehe unsere Routine gestartet wird. Auszugeben ist die Meldung, ob gezahlt werden soll oder nicht, und welcher Skontoprozentsatz gegebenenfalls zur Anwendung kommt.

Zunächst ist zu prüfen, ob zum Termin ZT Skonto abgezogen werden darf. Entwerfen Sie dafür unter Einschluß der Routine „DATUM“ aus Abschnitt 8.1 ein Struktogramm.

DENKPAUSE

Ihr erster Entwurf könnte im Prinzip aussehen wie Bild 8.5, Version a). Sobald das Ende einer Skontofrist nach dem Zahlungstermin liegt oder mit diesem zusammenfällt, wird die Suchschleife verlassen. Die Ausführung wird mit der Anweisung fortgesetzt, die mit „weiter“ symbolisiert ist. Diese Anweisung wird aber auch erreicht, wenn die Schleife vollständig durchlaufen ist, was einem Überschreiten der Nettozahlungsfrist entspricht. Woran kann hier erkannt werden, welcher Ausstieg zum Tragen kam?

a)

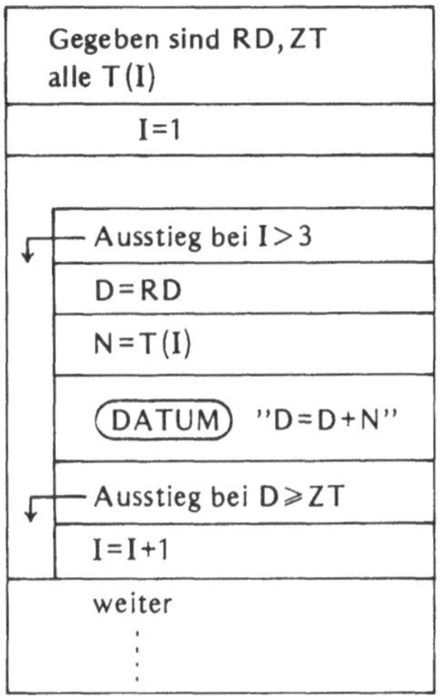

Gegeben sind RD, ZT
alle T(I)

I=1

Ausstieg bei I>3

D=RD

N=T(I)

(DATUM) "D=D+N"

Ausstieg bei D⩾ZT

I=I+1

weiter

⋮

b)

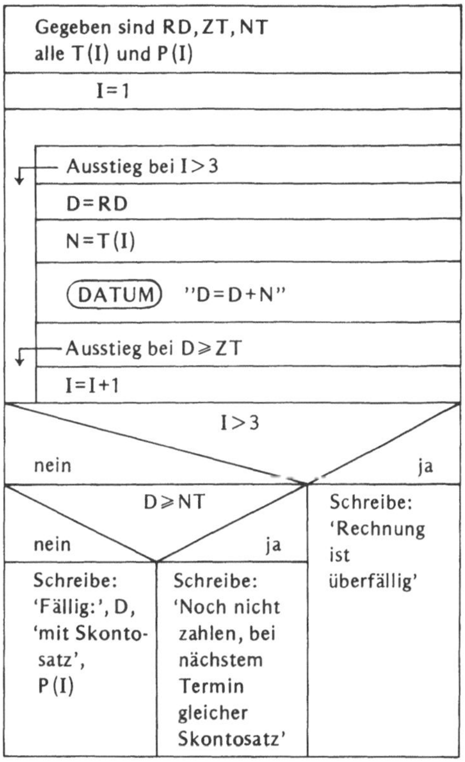

Gegeben sind RD, ZT, NT
alle T(I) und P(I)

I=1

Ausstieg bei I>3

D=RD

N=T(I)

(DATUM) "D=D+N"

Ausstieg bei D⩾ZT

I=I+1

I>3

nein

D⩾NT

nein: Schreibe: 'Fällig:', D, 'mit Skontosatz', P(I)

ja: Schreibe: 'Noch nicht zahlen, bei nächstem Termin gleicher Skontosatz'

ja: Schreibe: 'Rechnung ist überfällig'

Bild 8.5 Auswertung von Zahlungskonditionen

Im weiteren Verlauf ist noch zu prüfen, ob die angesprochene Fristüberschreitung vorliegt, und andernfalls, ob die gleiche Skontostufe auch noch beim nachfolgenden Zahlungstermin NT gilt. Erweitern Sie Ihr Struktogramm.

DENKPAUSE

Einen allgemein verwendbaren Lösungsvorschlag zeigt Ihnen Bild 8.5, Version b).

Wer für seinen eigenen Zahlungsverkehr nach diesem Konzept verfahren will, muß **folgende Bedingungen sicherstellen:**

$P_1 \geqslant P_2 \geqslant P_3 \geqslant 0$, die Gleichheit ist nur beim Prozentsatz Null erlaubt.

$0 \leqslant T_1 ; T_i < T_{i+1}$, falls $Pi > 0$ (für i = 1 und gegebenenfalls i = 2).

Jedes Datum ist in der Form (jj)jjmmtt darzustellen.

Außerdem muß sich der Benutzer über die Bereitstellung der Eingangsdaten Gedanken machen und die Ausgabe modifizieren. Wahrscheinlich ist es am sinnvollsten, den vorgestellten Lösungsweg in ein Unterprogramm mit entsprechender Schnittstellendefinition umzusetzen.

8.3 Balken auf zwei Stützen

Ein waagerechter, auf zwei Stützen gelagerter Balken soll durch senkrecht wirkende Kräfte belastet werden. Wie groß sind die von den Lagern aufgenommenen Kräfte?

Da hier, wie auch in den anderen Beispielen, der Aspekt der Programmierung im Vordergrund steht, beschränken wir uns bei den Lastfällen und berücksichtigen nur Punktlasten. Bild 8.6, Version a) zeigt eine Prinzipskizze des Problems.

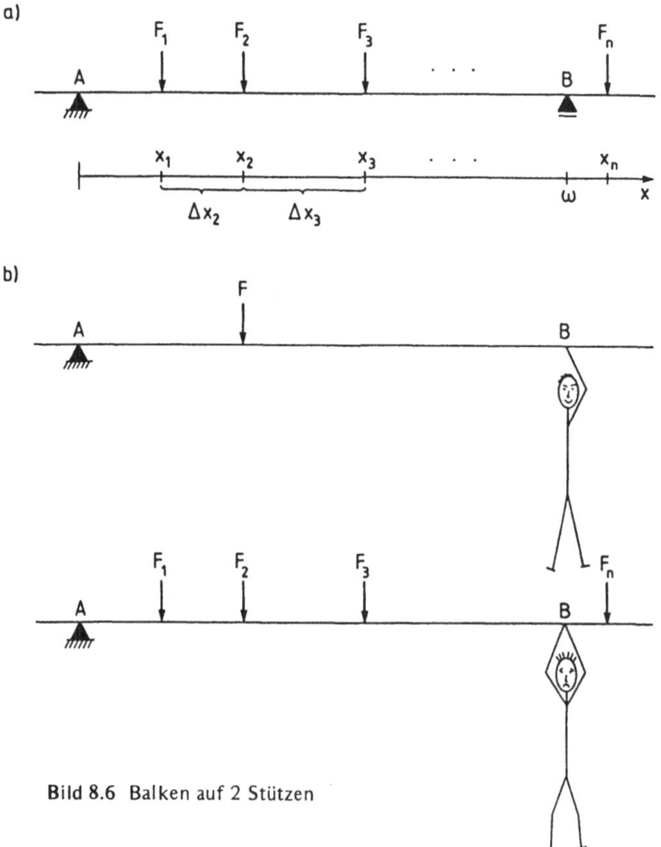

Bild 8.6 Balken auf 2 Stützen

Das Programm ist für beliebige Stützweiten und jeweils mehrere F_1, F_2 ... F_n auszulegen. Die Positionsangaben werden auf das linke Lager bezogen. Den Angriffspunkt X_1 der ersten Last geben wir direkt an, bei den folgenden Kräften F_2 ... F_n sagen wir jeweils durch ΔX_2 ... ΔX_n, wie weit ihr Angriffspunkt hinter dem der Vorgängerkraft liegt. Das

Ende der Eingabe wird dem Programm durch einen speziellen weiteren Datensatz mitgeteilt ($F = 0$, ΔX beliebig). Fassen wir zusammen:

Eingabe: W

$F_1 \quad X_1$
$F_2 \quad \Delta X_2$
$F_3 \quad \Delta X_3$
$\vdots$
$F_n \quad \Delta X_n$
0 0

Ausgabe: Beide Lagerkräfte

Nun gilt es, die nötigen Formeln zu beschaffen. In der Mechanik-Literatur oder in Formelsammlungen [7] findet man

$$F_B = -(F_1X_1 + F_2X_2 + \ldots + F_nX_n)/W$$
$$F_A = -(F_1 + F_2 + \ldots + F_n + F_B)$$

F_A und F_B sind dabei die Kräfte, die von den Lagern auf den Balken wirken.

Wer die Formeln verstehen will, könnte sich in Gedanken an den Platz des rechten Lagers stellen (Bild 8.6, Version b). Die Kraft F bewirkt ein Drehmoment $F \cdot X$, das den Balken nach unten drehen würde. Wenn Sie als menschliche Stütze den Balken im Gleichgewicht halten, spüren Sie eine Kraft. Der Balken „spürt" die gleichgroße, nach oben gerichtete Kraft F_B. Auch diese Kraft bewirkt ein Moment $F_B \cdot W$. Wir hatten Gleichgewicht unterstellt, d.h. die Summe aller Momente soll Null sein.

$$0 = F \cdot X + F_B \cdot W$$

Im allgemeinen Fall müssen Sie nicht nur einer Kraft entgegenwirken (Bild 8.6, Version c). Falls Sie den Balken im Gleichgewicht halten gilt

$$0 = F_1X_1 + F_2X_2 + \ldots + F_nX_n + F_BW$$

Neben den Drehmomenten stehen auch alle am Balken angreifenden Kräfte im Gleichgewicht:

$$0 = F_1 + F_2 + \ldots + F_n + F_B + F_A$$

Wenn die erste dieser Gleichungen nach F_B und die zweite nach F_A aufgelöst wird, ergeben sich die eingangs erwähnten Formeln.

Die meisten Größen in den Formeln für F_B und F_A sind Eingabewerte. Ausnahmen bilden X_2, $X_3 \ldots X_n$. Haben Sie eine Idee, wie diese Größen aus Eingabewerten ermittelt werden können?

DENKPAUSE

Wenn Sie nach einer geschlossenen Formel für jede dieser Längen gesucht haben, schießen Sie über das Ziel hinaus. Es reicht die Rekursionsformel

$$X_i = X_{i-1} + \Delta X_i, \quad 2 \leqslant i \leqslant n$$

Bedenken Sie, daß der Lösungsweg in jedem Programm im zeitlichen Nacheinander einzelner Schritte abgearbeitet wird. Daher dürfen Sie schon bei der Formulierung des Lösungsweges die zeitliche Abfolge mit einbeziehen. Das wurde auch bei den Formeln für F_A und F_B getan. Erst nachdem F_B berechnet ist, darf die Formel für F_A ausgewertet werden und nicht umgekehrt.

Jetzt sollten Sie Ihren ersten Versuch für den Entwurf des Struktogramms unternehmen.

DENKPAUSE

Der Kern des Problems liegt in der Berechnung der beiden Summen

$$SM = F_1X_1 + F_2X_2 + \dots + F_nX_n$$

$$SF = F_1 + F_2 + \dots + F_n \,.$$

Das wird in einer Schleife erledigt. Bei jedem Durchlauf muß ein Summand pro Summe bearbeitet werden. Wenn wir bei jedem Durchlauf zugleich eine Kraft und das zugehörige ΔX lesen, können wir die Lösung mit gewöhnlichen Variablen formulieren. Den ersten Schritt dazu zeigt Bild 8.7, Version a).

Falls Ihr Struktogrammentwurf wesentliche Lücken zeigt, sollten Sie die Prinzipskizze und die bisherigen Ausführungen zur Leistung des Programms und zum Rechengang noch einmal ansehen und versuchen, ausgehend von Version a) ein vollständiges Struktogramm zu entwickeln.

DENKPAUSE

Die Ausstiegsbedingung war oben verbal formuliert worden. Sie haben sie sicherlich korrekt in den Schleifenkörper eingefügt. Vor dem Schleifenblock könnte die erste Kraft bearbeitet werden. Die Sonderstellung bei der Beschreibung ihres Angriffspunktes X_1 legt das nahe. In jedem Fall sind Startwerte für alle Variablen bereitzustellen, die in der Schleife fortgeschrieben werden. das sind SF, X und SM. Da der Benutzer eines Programms nicht merkt, mit welchen Variablen intern gearbeitet wird, können diese Startwerte teilweise im Lesekommando gesetzt werden (Bild 8.7, Version b). Nach der Schleife müssen aus den Summen SM und SF noch die Kräfte FB und FA ausgerechnet und ausgegeben werden.

Wer sich von der scheinbaren Sonderstellung der ersten Kraft nicht irritieren läßt, kann auch einen Lösungsweg finden, bei dem *alle* Kräfte in der Schleife gelesen werden. Falls Sie diese Variante nicht ohnehin schon entworfen haben, sollten Sie versuchen, die Lösung aus Bild 8.7, Version b), entsprechend abzuwandeln.

DENKPAUSE

Der Wiederholungsblock und die nachfolgenden Passagen können unverändert bleiben, das Lesen der Stützweite natürlich auch. Vor der Schleife müssen nur die Startwerte für

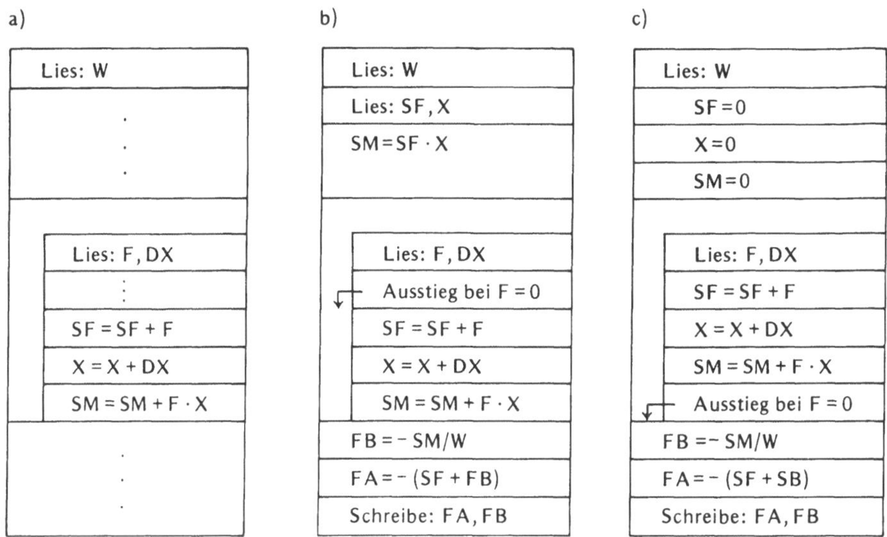

Bild 8.7 Lösungsweg zur Balkenaufgabe

```
10 REM ***      STUETZBALKEN          ***
20 PRINT"       BALKEN MIT LOTRECHTEN LASTEN" : PRINT
30 PRINT" ABSTAND BEI 1. KRAFT ZUM LINKEN LAGER,"
40 PRINT" SONST ZUR VORHERGEHENDEN KRAFT." :PRINT
100 W=0: INPUT" STUETZWEITE (ENDE=RETURN) ";W
110 IF W<=0 THEN 290
120 SF=0: X=0: SM=0
200 F=0: INPUT " KRAFT, ABSTAND ";F,DX
210 SF=SF+F
220 X=X+DX
230 SM=SM+F*X
240 IF F<>0 THEN 200
250 FB=-SM/W
260 FA=-(SF+FB)
270 PRINT " LINKES LAGER";FA;" RECHTES LAGER";FB
280 GOTO 100
290 END
```

Bild 8.8 BASIC-Programm: Stützbalken

SF, X und SM gesetzt werden. Um die geeigneten Zahlenwerte zu finden, führt man sich vor Augen, welche Bedeutung die Variablen am Anfang des Schleifenkörpers haben müssen, wenn das Fortschreiben in der Schleife funktionieren soll:

SF = Summe aller zuvor gelesenen Kräfte
X = Angriffspunkt der unmittelbar zuvor gelesenen Kraft
SM = Momentensumme aller zuvor gelesenen Kräfte

Daraus leiten sich unmittelbar die Startwerte 0 für SF und SM ab. Damit der Wert X_1 (gespeichert auf DX) als Angriffspunkt der Kraft F_1 in die Momentensumme eingeht, muß vor der Schleife auch X = 0 gesetzt werden (Bild 8.7, Version c).

Eine Bewertung der Lösungen b) und c) soll nicht vorgenommen werden. Die Unterschiede sind so geringfügig, daß eine ernsthafte Diskussion nicht sinnvoll erscheint. Der Leser sollte dieses Beispiel vielmehr als Beleg dafür werten, daß, von kürzeren Passagen abgesehen, stets ein gewisser Spielraum bei der Formulierung des Lösungsweges besteht. Deshalb haben wir in Version c) auch die Schleife umgestaltet.

8.4 Balkenauslegung

In diesem Beispiel wollen wir uns mit der Auslegung von Deckenbalken befassen und von folgender Situation ausgehen:

- Die Belastung liegt als Streckenlast Q in der Einheit kp/m vor.
- Die Stützweite L, Einheit Meter, ist gegeben.
- Es soll handelsübliches Nadelkantholz verwendet werden.

Unter Streckenlast ist zu verstehen, daß die aufzunehmenden Lasten als gleichmäßig über die Länge des Balkens verteilt angesetzt werden. (Für den Wohnhausbau sind Werte in der Größenordnung 300 kp/m realistisch.)

Bei den Balkenquerschnitten berücksichtigen wir nur Breiten B von 6, 8, 10 cm usw. sowie Höhen zwischen jeweils B und 2B.

Die benötigten Formeln stehen in den einschlägigen Lehrbüchern und Nachschlagewerken zur Mechanik. Für den Laien ist vielleicht das angegebene Tabellenbuch [6] ganz hilfreich.

Die zulässige Durchbiegung bei Deckenbalken beträgt L/300. Wenn mit M das maximale Biegemoment (Einheit kp · m) bezeichnet wird, ist ein Holzbalken erforderlich mit einem Flächenträgheitsmoment J von mindestens

$$J = 3{,}13 \cdot M \cdot L$$

Für den angenommenen Lastfall errechnet sich das maximale Moment M nach

$$M = \frac{1}{8} Q \cdot L^2$$

Das tatsächliche Flächenträgheitsmoment (vergleiche Abschnitt 5.2) berechnet sich nach der Formel

$$I = B \cdot H^3$$

Unsere Aufgabe ist also, zu gegebenen Werten von Q und L die Balkenabmessungen B und H so zu bestimmen, daß gilt:

$$B \cdot H^3 > \frac{3{,}13}{8} Q \cdot L^3$$

Bei der Schreibweise dieser Formel sind folgende Einheiten unterstellt:

Q in [kp/m], L in [m], B und H in [cm].

Der direkten Programmierung dieser Formel steht entgegen, daß sich aus *einer* Ungleichung *nicht beide* Größen B und H *eindeutig* berechnen lassen. Falls ein zulässiger Balken gefunden ist, ist doch auch jeder andere geeignet, der noch breiter oder noch höher ist. Welche grundsätzlichen Auswege aus diesem Dilemma fallen Ihnen ein?

DENKPAUSE

Vielleicht hatten Sie einen der folgenden Gedanken:

- Wir fordern weitere Eingabewerte, die zu weiteren Formeln und letztlich zu einem eindeutig lösbaren Problem führen.
- Aus der Vielzahl möglicher Lösungen wählen wir irgendeine aus und begnügen uns damit, das Problem gelöst zu haben.
- Wir überlegen uns eine Strategie, die eine optimale Lösung liefert.

Hier soll der dritte Weg beschritten werden.

Was kann in diesem Beispiel als optimal gelten? Nach welchem Kriterium können verschiedene zulässige Balken bewertet werden? Ein Prinzip – im allgemeinen sicher nicht das einzige – ist, über den Preis auszuwählen und den billigsten zulässigen Balken vorzuschlagen. Wenn man unterstellt, daß die Kosten proportional zur Holzmenge laufen, gilt es, einen Balken mit geringer Querschnittsfläche zu suchen. Wir können daher die Benutzerschnittstelle wie folgt formulieren:

Eingabe: Streckenlast Q [kp/m], Stützweite L [m]
Ausgabe: Maße B, H [cm] des zulässigen Balkens mit geringstem Querschnitt

Erstellen Sie das zugehörige Struktogramm!

DENKPAUSE

Ein Lösungsgedanke ist, mit der kleinsten Balkenbreite zu beginnen, die dazu erlaubten Höhen aufsteigend zu durchlaufen, dann die nächste Breite und die zugehörigen Höhen in gleicher Weise abzuarbeiten usw. Getestet werden also B = 6, H = 6, 8, 10, 12, danach B = 8, H = 8, 10, 12, 14, 16, dann B = 10 usw. bis ein Balken mit genügender Tragkraft gefunden ist.

Dieses Konzept läßt sich übersichtlich programmieren. Es erfordert zwei ineinanderliegende Schleifen wie in Bild 8.9, Version a) dargestellt. Formal fehlt noch der Ausstieg aus der äußeren Schleife, inhaltlich fehlt die Betrachtung der jeweiligen Flächenträgheitsmomente I.

Erst wenn B und H festgelegt sind, also in der inneren Schleife, kann I berechnet werden. Falls das Moment I groß genug ist, verlassen wir die innere Schleife. Sie bekommt also einen zweiten Ausstieg.

Die äußere Schleife darf erst mit einem zulässigen Balken verlassen werden. Deshalb kann der Ausstieg erst unterhalb der inneren Schleife eingefügt werden (s. Bild 8.9, Version b). Überlegen Sie, ob der gefundene Balken den kleinsten Querschnitt aller zulässigen Balken hat.

a)

Lies: Q, L
J = 3.13/8 · Q · L³
B = 6
⋮
H = B
Ausstieg bei H > 2B
⋮
H = H + 2
⋮
B = B + 2
Schreibe: 'Eine Lösung ist', B, H

b)

Lies: Q, L
J = 3.13/8 · Q · L³
B = 6
H = B
Ausstieg bei H > 2B
I = B · H³
Ausstieg bei I ≥ J
H = H + 2
Ausstieg bei I ≥ J
B = B + 2
Schreibe: 'Eine Lösung ist', B, H

Bild 8.9 Vorstufen zur Balkenauslegung I

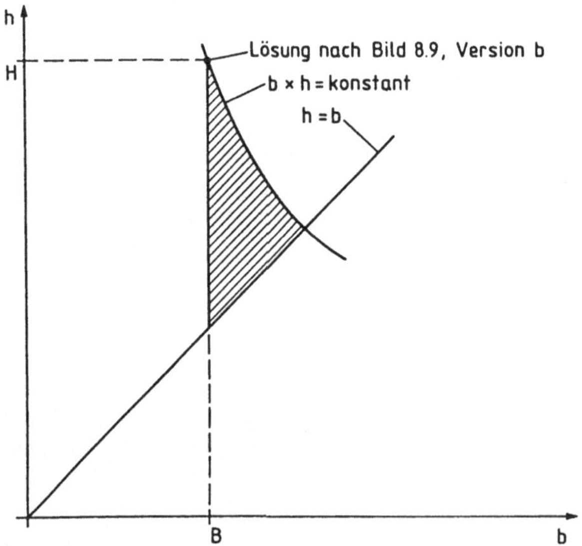

Bild 8.10 Suchgebiet zu Balkenauslegung I

DENKPAUSE

Wir haben einen zulässigen Balken mit minimaler Breite gefunden. Woher wissen wir, daß ein um 2 cm breiterer und mindestens 4 cm niedrigerer Balken nicht auch geeignet ist? Er hätte eine geringere Querschnittsfläche als der der Lösung in Bild 8.9, Version b).

Wollen wir den zulässigen Balken geringsten Querschnitts finden, müssen wir weitersuchen. Bild 8.10 zeigt das Suchgebiet. Die Zone links von der Senkrechten ist schon erledigt. Unterhalb der Winkelhalbierenden h = b braucht wegen der Forderung H > B nicht gesucht zu werden. Rechts von der Hyperbel b • h = konstant liegen nur Balken größeren Querschnitts.

In Anlehnung an eine Formulierung aus dem Volksmund lautet die Devise: Die erste geeignete festhalten und suchen, ob sich nicht noch 'was Besseres findet! Wir merken uns daher die Maße der bisher besten Lösung sowie die zugehörige Fläche und durchlaufen die Balken des Suchgebiets. Finden wir einen besseren Balken, halten wir dessen

a)

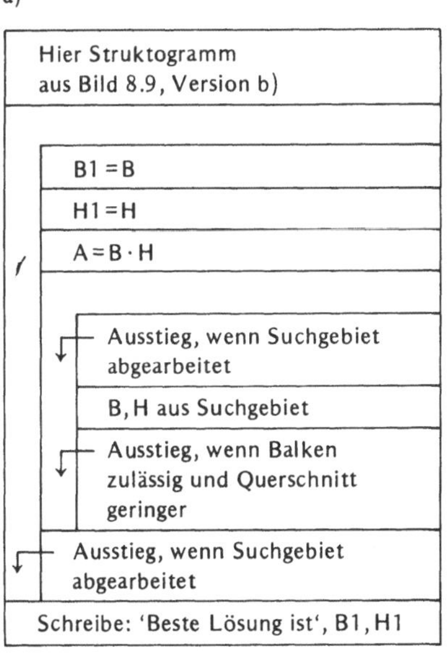

b)

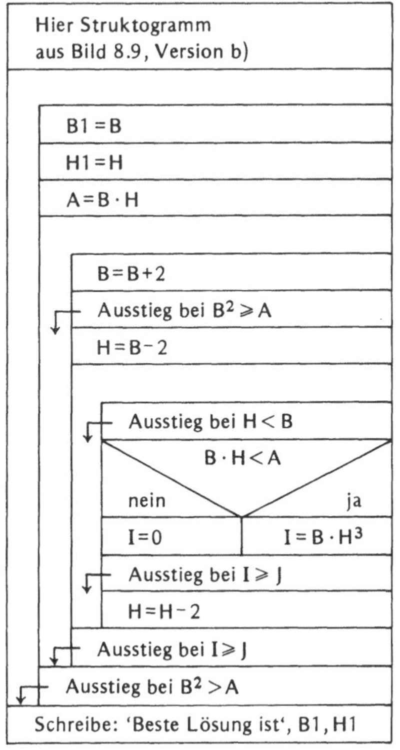

Bild 8.11 Balkenauslegung I

Maße und Fläche fest. Die Suche geht dennoch weiter, bis das ganze Gebiet überprüft ist (s. Bild 8.11, Version a). Versuchen Sie, die verbalen Passagen durch codierfähige Formulierungen zu ersetzen.

DENKPAUSE

Ihre Lösung könnte wie Bild 8.11, Version b) aussehen. Alternativ können Sie die innere Schleife wieder mit aufsteigendem H laufen lassen wie in Bild 8.9.

Nun zu einem zweiten Lösungskonzept! Der Grundgedanke des ersten Weges war, sich von kleinen Balkenbreiten her an die gesuchte Lösung heranzuarbeiten. Stattdessen hätte man sich auch stärker *vom Optimierungskriterium leiten lassen* können.

Gesucht ist ein Balken mit minimalem Querschnitt, der einige Nebenbedingungen erfüllt. In diesem zweiten Lösungskonzept erhöhen wir deshalb den Querschnitt solange, bis alle Nebenbedingungen erfüllt sind. Der betreffende Balken definiert wiederum ein Suchgebiet, in dem die optimale Lösung liegt. Wird die grobe Suche mit quadratischen Balken vorgenommen, erhält man die Lösung aus Bild 8.12 und das Suchgebiet aus Bild 8.13.

Unterhalb der Waagerechten braucht nicht gesucht zu werden, weil der quadratische Balken $(B-2) \cdot (B-2)$ nicht genügend Tragkraft hat. Oberhalb von $h = 2b$ und un-

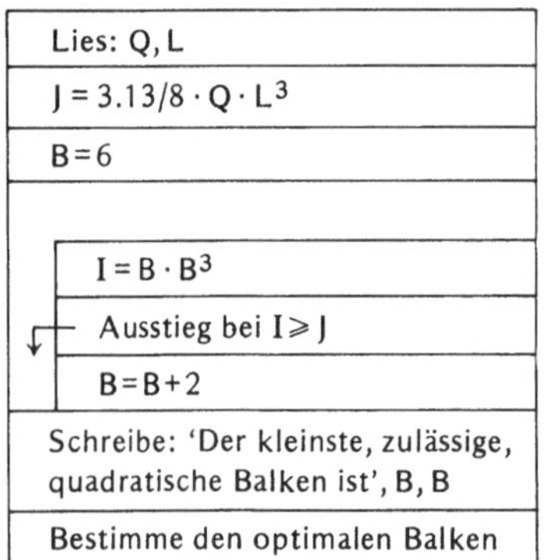

Bild 8.12 Vorstufen zur Balkenauslegung II

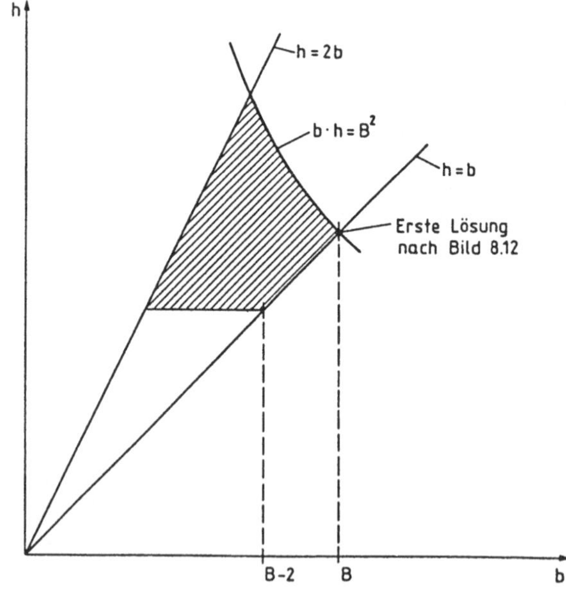

Bild 8.13 Suchgebiet zu Balkenauslegung II

terhalb von h = b liegen Balken unerwünschter Form und rechts der Hyperbel $b \cdot h = B^2$ sind die Flächen zu groß. Versuchen Sie, das Struktogramm aus Bild 8.12 zu detaillieren.

DENKPAUSE

Es reicht, ausgehend von der zulässigen Lösung Schritte nach links und danach nach oben vorzunehmen. Die Suche endet beim Überschreiten der Linie h = 2b. Wird die Hyperbel überschritten, reicht eine einmalige Reduzierung der Breite, um wieder auf die richtige Hyperbelseite zu gelangen. Falls auf diese Weise ein Balken mit ausreichender Tragkraft gefunden wird, werden seine Maße bei B1 und H1 notiert. Er hat eventuell eine kleinere Fläche, weil er im Suchgebiet links von der Hyperbel liegt. Die Suche wird fortgesetzt bis zur Linie h = 2b. Das entsprechende Struktogramm zeigt Bild 8.14.

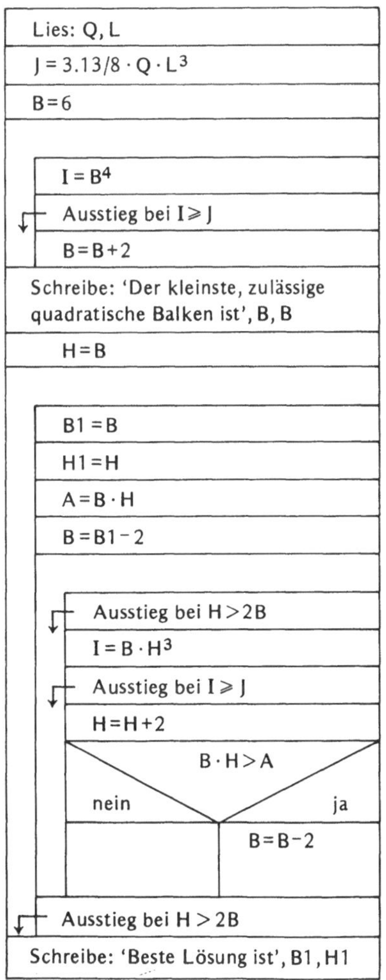

Bild 8.14
Balkenauslegung II

```
10 REM ***      BALKENAUSLEGUNG       ***
100 INPUT " STRECKENLAST [N/M] ";Q
110 INPUT " STUETZWEITE  [M]   ";L
120 J=3.13/8*Q*L↑3: REM J='ERF. MOMENT'
130 B=6
140 I=B↑4
150 IF I>=J THEN 180
160 B=B+2
170 GOTO140
180 PRINT " KLEINSTER ZULAESSIGER QUADRAT. BALKEN: ";B;"X";B
190 H=B
200 REM  LSG. MERKEN, GGF. VERBESSERN
210 B1=B: H1=H: A=B*H: B=B1-2
220 IF H>2*B THEN 280
230 I=B*H↑3
240 IF I>=J THEN 280
250 H=H+2
260 IF B*H>A THEN B=B-2
270 GOTO 220
280 IF H<=2*B THEN 200
290 PRINT " BESTER BALKEN  BXH : ";B1;"X";H1
300 END .
```

Bild 8.15 BASIC-Programm: Balkenauslegung

8.5 Tabellensortierung

Sortierung von Tabellen oder Dateien ist ein hilfreicher Zwischenschritt bei der Bearbeitung vieler Probleme. In der Spezialliteratur werden dafür zahlreiche Algorithmen vorgestellt. Fast jeder Rechnerhersteller bietet auch Standard-SORT-Programme an. Dennoch eignet sich das Sortierproblem, das Programmieren zu trainieren. Auch dieses Beispiel sollte primär unter dem Ausbildungsaspekt gesehen werden.

Lassen Sie uns die Aufgabenstellung präzisieren! Wir wollen aufsteigend sortieren. Der Benutzer soll die zu sortierenden Zahlen einzeln eingeben und seine Eingabe mit der EOF-Information (Ende der Eingabedatei, vgl. Abschnitt 7.3) abschließen. Die Sortierung soll jeweils sofort nach dem Lesen einer Zahl erfolgen. Eine solche Verzahnung von Eingabe und Verarbeitung ist grundsätzlich bei allen Dialogprogrammen anzustreben, damit der Benutzer nach Abschluß der Eingabe nicht unnötig lange auf die Ausgabe warten muß.

Wir nehmen dieses Beispiel zum Anlaß, die Top-Down-Vorgehensweise zu demonstrieren. Dieser Arbeitsstil hilft insbesondere dem weniger erfahrenen Programmierer, kompliziertere Aufgaben in funktionsfähige Programme zu übertragen. Anhand der Struktogrammtechnik läßt sich das Prinzip einfach erklären. Die äußere Form jedes kompletten Struktogramms ist ein Rechteck. Im Innern dieses Rechtecks befinden sich weitere Linien, die den Regeln aus Abschnitt 4.2 genügen müssen. Top-Down heißt nichts anderes, als den Entwurf mit dem äußeren Rahmen zu beginnen, schrittweise die inneren Linien, die Blockstruktur, einzufügen und das Bild durch formal zulässige Unterteilungen solange zu verfeinern, bis das Struktogramm codierfähig ist. Anders formuliert: Die gesamte Aufgabe wird in eine Folge von Teilproblemen gegliedert. Diese werden weiter analysiert und der Prozeß der Zergliederung fortgesetzt, bis alle Probleme gelöst sind und der Lösungsweg niedergeschrieben ist.

Bei der entgegengesetzten Vorgehensweise, Bottum-Up, ergibt sich der Lösungsweg (eventuell!!) am Ende eines Wucherungsprozesses. Man beginnt mit Insellösungen für überschaubare Teilprobleme. Sodann wird versucht, die Teile zu größeren Einheiten zusammenzufügen. Günstigstenfalls verbinden sich die ursprünglichen Inseln zu einem geschlossenen Festland. Bei einem erfahrenen Programmierer wird das oft gelingen, bei einem Anfänger gewöhnlich nicht. Er muß den Schaden entweder durch eigentlich unnötige Aktionen heilen oder Teile der Planungsarbeit wiederholen. Deshalb sollte er besser nach dem Top-Down-Prinzip arbeiten.

Nun zur Lösung des Sortierproblems! Die sortierten Zahlen sollen im eindimensionalen Array X stehen. Da bei Entwurf des Struktogramms nicht bekannt ist, wieviel Zahlen verarbeitet werden sollen, muß ein Wiederholungsblock vorgesehen werden. Danach sollen die sortierten Zahlen ausgegeben werden. Dazu benötigt man ihre Anzahl. Also muß in der Schleife gezählt werden. Wir tun das auf der Variablen I, die vor dem Wiederholungsblock auf 0 gesetzt werden muß (s. Bild 8.16, Version a). Verfeinern Sie das Struktogramm zu einer codierfähigen Fassung.

DENKPAUSE

Wir hatten festgelegt, daß jede neue Zahl XN sofort richtig einsortiert werden soll. Mit anderen Worten: Vor jedem Lesen von XN müssen alle bisher gelesenen Zahlen sortiert sein.

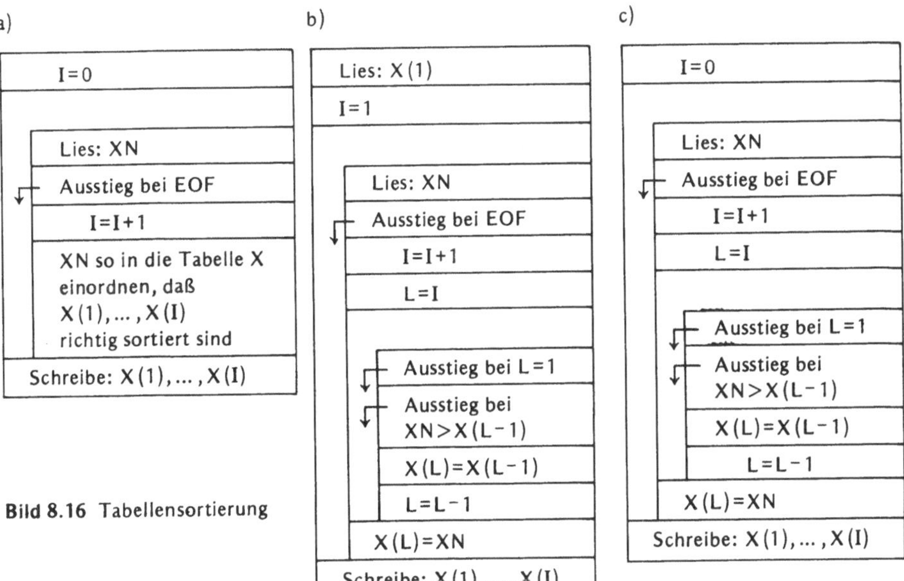

Bild 8.16 Tabellensortierung

```
10 REM ***     SORTIERUNG          ***
20 PRINT " MAX. 500 ZAHLEN UNTEREINANDER EINGEBEN"
30 PRINT " ZUM ABSCHLUSS NUR RETURN-TASTE"
40 DIM X(500)
50 I=0
100 W$="": INPUT "ZAHL ";W$: XN=VAL(W$)
110 IF LEN(W$)=0 THEN 180
120 I=I+1: L=I
130 IF L=1 OR XN>=X(L-1) THEN 160
140 X(L)=X(L-1): L=L-1
150 GOTO 130
160 X(L)=XN
170 GOTO 100
180 PRINT "SORTIERT :"
190 FOR L=1 TO I: PRINT X(L): NEXT L
200 END
```

Bild 8.17 BASIC-Programm: Sortierung

Wenn wir die Verarbeitungsschleife formulieren, dürfen wir das für die älteren Zahlen natürlich voraussetzen.

War keine der alten Zahlen größer als XN, kommt die neue Zahl XN auf den letzten Platz. Andernfalls müssen einige alte Zahlen nach hinten verschoben werden, um eine Lücke für XN zu schaffen. Wollen Sie Ihren Entwurf noch einmal überprüfen?

DENKPAUSE

Da eine Chance besteht, ohne Verschiebung alter Zahlen auszukommen, wird XN zuerst mit der bisher größten Zahl verglichen. Falls sich dabei herausstellt, daß XN weiter vorn eingeordnet werden muß, kann dieser Vergleichspartner sofort einen Platz aufrücken. In gleicher Weise wird mit der davorstehenden Zahl verglichen und diese entweder einen Platz hochgesetzt oder XN eingefügt. So wird fortgefahren, bis der richtige Platz für XN gefunden ist. Da in unseren Formulierungen die Existenz alter Zahlen vorausgesetzt wird, lesen wir die erste Zahl vor der Schleife. Sortierprobleme gibt es dabei noch nicht, sie gehört auf Platz X(1). Vergleichen Sie Ihren Entwurf mit Bild 8.16, Version b).

Wenn das aktuelle Problem vermeintlich gelöst ist, darf man getrost einmal kurz aufatmen. Grundsätzlich sollte man aber bereit (und in der Lage) sein, das eigene Lösungskonzept in Frage zu stellen. Wenn man es kritisch durchleuchtet, findet man oft Ansatzpunkte für Verbesserungen. Der Autor denkt dabei in erster Linie an Straffungen, an die Steigerung der Transparenz. Sehen Sie sich Bild 8.16, Version b) daraufhin an!

Alle Zahlen werden in der äußeren Schleife gelesen, nur die erste nicht. Ist dieser Sonderast für die erste Zahl wirklich nötig? Beim Entwurf dieser Lösung schien das so! Wenn Sie die betreffende Passage noch einmal nachlesen, werden Sie die Sonderbehandlung vermutlich bestätigen. Lassen Sie uns stattdessen probeweise auch die erste Zahl in der äußeren Schleife verarbeiten. Wir streichen den ersten Lesebefehl und setzen dann natürlich den Zähler I vor der Schleife auf 0 statt auf 1. Das ergibt Bild 8.16, Version c).

Überzeugen Sie sich davon, daß diese Fassung so gut funktioniert wie Version b). Die Sonderbehandlung der ersten Zahl ist also unnötig.

Eine Warnung scheint angebracht! Wir hatten dazu aufgefordert, Lösungswege kritisch zu überprüfen. Wie das Beispiel zeigt, lassen sich durchaus Verbesserungen finden. Der Versuch zur Optimierung darf aber nicht übertrieben werden. Der Aufwand dafür muß in einem vernünftigen Verhältnis zum gesamten Arbeitsaufwand stehen! Bedenken Sie, daß Sie hier keinen Schönheitswettbewerb bestreiten. Hauptziel ist immer, (mit angemessenem Aufwand) ein korrektes, leicht lesbares Programm zu erstellen.

8.6 Stücklistenauflösung

Das Auflösen von Stücklisten ist eines der „klassischen" EDV-Probleme. Wir wollen uns ansehen, wo die Hauptschwierigkeiten liegen und wie sie bewältigt werden können.

In der Stückliste einer Baugruppe ist festgehalten, aus welchen Bauteilen die Baugruppe unmittelbar zusammengesetzt ist. In echten Stücklisten wird natürlich präzise formuliert. Im Prinzip sehen sie jedoch wie die folgende (höchst primitive) „Auto-Stückliste" aus.

Baugruppe „Auto" enthält:
- Rad, 4 Stück
- Reserverad, 1 Stück
- viele andere Bauteile

Ein aufgeführtes Bauteil kann Einzelteil sein oder wiederum Baugruppe. In diesem Fall besitzt es eine eigene Stückliste:

Baugruppe „Rad" enthält:
- Felge, 1 Stück
- Mantel, 1 Stück
- Befestigungsschrauben, 4 Stück

Baugruppe „Reserverad" enthält:
- Felge, 1 Stück
- Mantel, 1 Stück

Die Auflösung in Einzelteile ist also ein mehrstufiger Prozeß. Falls eine Untergruppe auftritt, ist deren Stückliste heranzuziehen und mit aufzulösen. Dieser Prozeß läuft solange, bis nur noch Einzelteile übrigbleiben.
Der Auflösungsstand unserer „Auto-Stückliste" wäre:

- Befestigungsschrauben, 16 Stück
- Felge, 5 Stück
- Mantel, 5 Stück
- viele andere Bauteile

Im Verlauf der Auflösung treten gewöhnlich mehrere Gruppen mit unterschiedlichen Anzahlen auf. Deshalb formulieren wir schon das Ausgangsproblem entsprechend: Gemeinsam aufzulösen sind die Stücklisten von mehreren Baugruppen mit individuellen Anzahlen.

Die Nahmen der aufzulösenden Gruppen sowie deren Anzahl denken wir uns in je einer Tabelle (G und K) im Rechner stehend. Die Stücklisten werden gewöhnlich in einer Datei mit „direktem Zugriff" aufgeführt. Wenn man den Namen der Baugruppe kennt, kann man die zugehörige Stückliste mit speziellen Lesebefehlen sofort lesen. Die während der Auflösung gefundenen Teile und deren Anzahlen werden fortlaufend auf eine Datei geschrieben. Dasselbe Teil kann dabei zu verschiedenen Zeiten auftreten und deshalb mehrfach geschrieben werden. Daher ist es sinnvoll, die Ausgabedatei nach beendeter Auflösung in einem separaten Lauf zu sortieren, wofür meistens ein Standard-SORT-Programm des Rechnerherstellers zur Verfügung steht. Gleiche Teile stehen dann hintereinander und können in nachgeordneten Programmen zusammengefaßt werden.

Nun zur Auflösung! Wir betrachten zunächst nur die vereinfachte Aufgabenstellung, Stücklisten ohne Untergruppen aufzulösen. Folgende Bezeichnungen sollten Sie auch in Ihren Struktogrammen verwenden, um die Abstimmung mit den Musterlösungen zu erleichtern.

I Anzahl aufzulösender Baugruppen
G Tabelle mit den Namen der Gruppen
K Tabelle mit den zugehörigen Häufigkeiten
M Größe der Tabellen (wird später benötigt)
T Name eines auftretenden Einzelteils
N Häufigkeit des Teils in der aktuellen Baugruppe

Es sollen vorgegeben sein:

M, I (mit $I \leqslant M$)
G(1), ... , G(I), K(1), ... , K(I)

Erstellen Sie jetzt das Struktogramm! Wir erinnern daran, daß zunächst nur solche Stücklisten bearbeitet werden sollen, die ausschließlich Einzelteile enthalten. Sie dürfen unterstellen, daß die einzelne Stückliste mit *einem* Lesebefehl in den Rechner geholt und dort gespeichert werden kann. Das Füllen dieses Arbeitsbereiches und dessen Interpretation wird zunächst nur *grob verbal* beschrieben. Konzentrieren Sie sich auf die Tabellen G und K und überlegen Sie, ob Teile der Bearbeitung in ein Unterprogramm verlagert werden sollten.

DENKPAUSE

In unserem Vorschlag in Bild 8.18 haben wir die Tabellenbearbeitung und die Bereitstellung der Stücklisten in ein Programm eingeordnet. Das Auswerten einer im Arbeitsbereich stehenden Stückliste wird als untergeordnete Tätigkeit in einem Unterprogramm erledigt.

Im Unterprogramm ist mit „nächstem Einzelteil" gemeint, daß beim ersten Durchlauf der Schleife mit dem ersten Eintrag (Teilename und Anzahl) im Arbeitsbereich begonnen wird. Danach wird das zweite, dritte, vierte Teil usw. genommen, bis alle Positionen der aktuellen Stückliste durchlaufen sind.

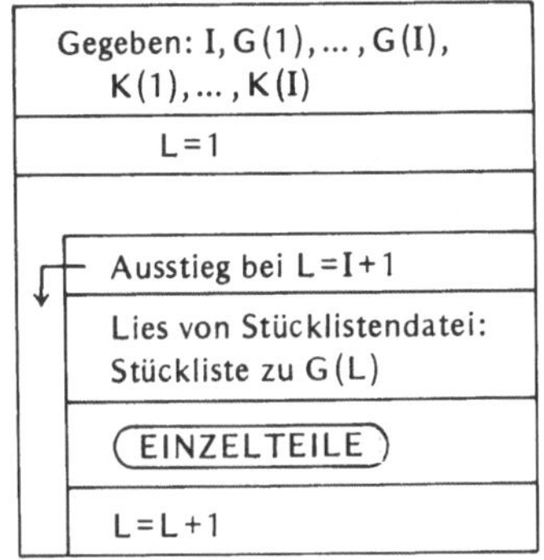

Bild 8.18 Vorstufe zur Stücklistenauflösung

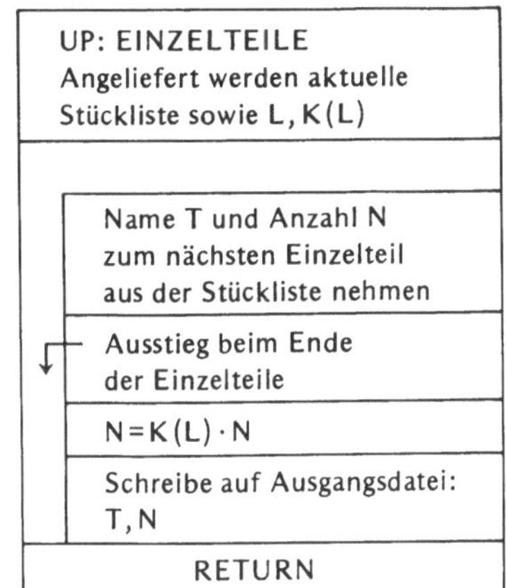

Das Teil T kommt N-mal in der Gruppe G(L) vor, die Gruppe steht K(L)-mal in der Auflösung. Das Produkt beider Anzahlen gibt an, wie oft das Teil T von der aktuellen Gruppe her in die Auflösung eingeht. Dieses Produkt und der Name werden auf einer Datei notiert.

Bislang haben wir uns auf Stücklisten beschränkt, die als Ganzes in den Arbeitsbereich eingelesen werden können. Dies bedeutet keine grundsätzliche Begrenzung. Bevor unser Lösungskonzept in ein funktionstüchtiges Programm umgesetzt werden kann, muß ohnehin erst der Satzaufbau der Stücklistendatei geplant werden. Insbesondere wird die Satzlänge festgelegt. Danach richtet sich die Größe des Arbeitsbereiches. Kann sich eine Stückliste über mehrere Sätze erstrecken, wird in das Auflösungsprogramm eine weitere Schleife eingefügt, um diese Sätze der Reihe nach zu lesen. Im Unterprogramm EINZELTEILE werden dann die einzelnen Sätze interpretiert.

Nun zur Bearbeitung der vollständigen Aufgabe, d.h. in den Stücklisten dürfen auch Namen von Untergruppen auftreten, die auch auf T gespeichert werden. Wiederum nur zur klareren Darstellung des Lösungsweges unterstellen wir, daß in den Stücklisten zunächst alle Positionen mit Einzelteilen und danach die mit Untergruppen aufgeführt sind.

Entscheidend ist, wie wir mit den während der Auflösung gefundenen Gruppen fertig werden können. Haben Sie eine Idee?

DENKPAUSE

Die gefundenen Untergruppen müssen auch aufgelöst werden. Also könnte man sie am Ende der Tabellen G und K eintragen und den Füllstand I entsprechend erhöhen. Diese Tabellen müßten so groß angelegt werden, daß kein Überlauf eintritt. Das ist die Schwachstelle der Lösungsidee; denn entweder muß die Untergruppenstruktur einigermaßen bekannt sein, um die Tabellengröße L sinnvoll festlegen zu können, oder es muß mit extrem großen Tabellen gearbeitet werden, um das Überlaufrisiko zu minimieren. Welchen Ausweg gibt es?

DENKPAUSE

Ein Ausweg liegt in der zyklischen Nutzung der Tabellen. Da wir die Tabellen von vorn her abarbeiten, werden bei rein linearem Durchlauf alle Plätze vor dem aktuellen Platz L doch nicht mehr benötigt. Warum sollen wir sie nicht erneut belegen, wenn das Tabellenende erreicht ist? Natürlich muß dann später auch mit der Auflösung wieder von vorn begonnen werden. Konzentrieren Sie sich bei der Erweiterung des Struktogrammes auf die zyklische Tabellennutzung!

DENKPAUSE

Eine erste Erweiterung muß in der Umgebung des Ausstiegs aus dem steuernden Programm erfolgen. Die Ausstiegsbedingung lautet: L = I + 1. Hier ist I der logisch letzte belegte Tabellenplatz. Der logisch nächste Platz darf nicht mehr als Baugruppe interpretiert werden. Soweit haben wir hier die gleiche Situation wie in der ersten Version (Bild 8.18). Der Unterschied liegt darin, daß dort auch die Formulierung „Ausstieg bei L ⩾ I + 1“ zulässig wäre, während bei der zyklischen Tabellenbelegung nur eine Gleichheitsbedingung zum korrekten Ausstieg führt. Wenn kein Ausstieg erfolgt, muß sofort geprüft werden, ob L noch zulässig ist. Vorgesehen war, nach L = M den nächsten Durchlauf mit L = 1 vorzunehmen. Das wird mit dem ergänzten Entscheidungsblock erreicht (Bild 8.19).

Die Bearbeitung der Untergruppenpositionen haben wir zugunsten der Transparenz ebenfalls in ein Unterprogramm verlegt. Es versteht sich von selbst, daß diese Positionen der Reihe nach durchzugehen sind. Sehen wir uns das Eintragen in die Tabellen kritisch an! Die Variable I verweist auf den logisch letzten Tabellenplatz. Soll ein Eintrag erfolgen, muß der logisch nächste Platz genommen und I entsprechend fortgeschrieben werden. Meistens ist der physisch nächste Platz zu nehmen (I = I + 1). Sollte dabei das Tabellenende überschritten werden (I > M), wird wieder bei I = 1 begonnen. Wichtig ist, nicht nur den Gruppennamen zu speichern, sondern auch die Anzahl richtig mitzuführen. Die aktuell aufzulösende Baugruppe wird K(L)mal benötigt. Wenn in ihrer Stückliste die neue Untergruppe Nmal verlangt wird, ist diese insgesamt K(L)·Nmal erforderlich.

Die Lösung aus Bild 8.19, entsprechend detailliert und in ein Programm umgesetzt, würde manchen Stücklistenbaum korrekt auflösen. Mitunter würde aber eine fehlerhafte Ausgabedatei erstellt, ohne daß der Benutzer durch Fehlermeldungen darauf hingewiesen wird. Wo ist die Schwachstelle unserer Lösung?

DENKPAUSE

Das Problem ist nach wie vor der Tabellenüberlauf. Formal ist er verhindert, es wird nicht mit Werten größer als M indiziert, aber logisch nicht! Beim Einsetzen neuer Untergruppen in die Tabellen G und K könnten Gruppen überschrieben werden, die noch nicht aufgelöst sind. Solange mit Tabellen fester Länge M gearbeitet wird, ist dieser Fehler nicht zwingend

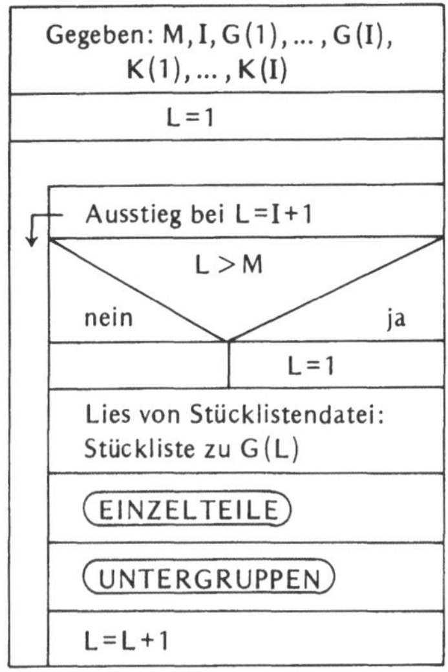

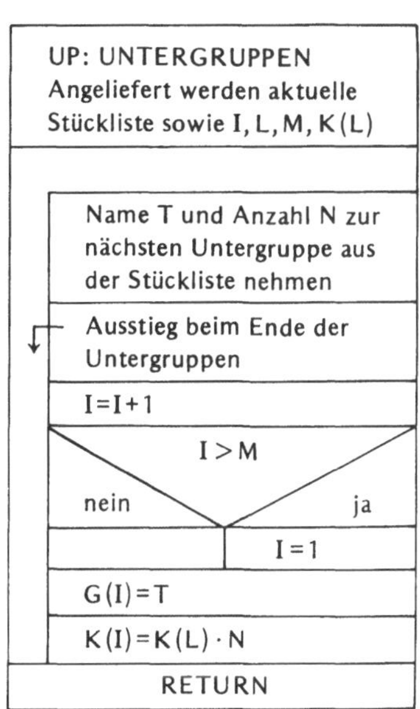

Bild 8.19 Kern der Stücklistenauflösung

zu verhindern. Es muß aber sichergestellt werden, daß der Benutzer einen entsprechenden Hinweis erhält. Dazu wäre unmittelbar vor dem Einsetzen in die Arbeitstabellen (G(I) = T) zu prüfen, ob der betreffende Platz dafür zur Verfügung steht. Wenn wir uns auf den Standpunkt stellen, die gerade in Bearbeitung befindliche Baugruppe sei noch tabu, muß an der genannten Stelle im Falle I = L das Einspeichern unterlassen und der Programmlauf nach einer Fehlermeldung abgebrochen werden. Im Programm kann der Abbruch durch ein zusätzliches STOP an dieser Stelle erfolgen. Besser ist es, eine Statusvariable entsprechend zu setzen und durch zusätzliches Abfragen dieser Variablen im übergeordneten Programm gegebenenfalls den Abbruch zu veranlassen.

8.7 Zyklenprüfung in Stücklisten

Eine Grundsatzfrage, die bei jeder Programmentwicklung neu entschieden werden muß, ist die Frage, welche Datenfehler im Programm abgeprüft werden müssen. Generelle Empfehlungen lassen sich nur mit Vorbehalt geben:

- Daten, die der Benutzer unmittelbar eingibt, sollten möglichst sofort geprüft und der Benutzer bei einem Fehler zur korrekten Eingabe aufgefordert werden.
- Daten aus Datenbeständen (z.B. Stücklistendatei) werden ungeprüft übernommen.
- Soll ein Programm Sätze in einen Datenbestand einfügen (z.B. Kunden-Stammdaten), wird so sicher wie irgend möglich verhindert, daß fehlerbehaftete Sätze geschrieben werden.

– Drohen bei nicht erkannten Fehlern schwerwiegende Folgen, muß das Fehlerrisiko unabhängig von der Datenherkunft durch umfassende Datenprüfung minimiert werden.

Ein unangenehmer Fehler in Stücklisten ist die Zyklenbildung. Damit sind Strukturen der Art A enthält B, B enthält C, C enthält A gemeint, wobei der Zyklus natürlich auch länger oder kürzer sein kann. Von der Sache her sind diese Zyklen unsinnig, sie können aber aufgrund von Schreibfehlern vorkommen. Beim Speichern einer einzelnen Stückliste sind sie nicht erkennbar. Jede der drei oben genannten „Baugruppe enthält Untergruppe"-Angaben ist für sich allein gesehen unverdächtig. Erst bei der Stücklistenauflösung können, ja müssen diese Zyklen entdeckt werden. Andernfalls treten extrem hohe Laufkosten mit garantiert unbrauchbaren Ergebnissen auf. Überlegen Sie, nach welcher Strategie man den Zyklen auf die Spur kommt.

DENKPAUSE

Notwendige Voraussetzung ist, beim Auflösungsprozeß nicht nur die Baugruppen zu kennen, sondern auch deren Herkunft. Die Auflösung von Stücklisten wurde in Abschnitt 8.6 vorgestellt. Dort standen die Namen der noch aufzulösenden Gruppen in einer Tabelle (G). Traten Untergruppen auf, wurden ihre Namen in der gleichen Tabelle notiert.

Ein Weg, die Herkunft zu speichern, wäre, zusätzlich zum Untergruppennamen auch den Index der Baugruppe zu speichern, in der die Untergruppe auftrat. Als Konsequenz müßte auf die zyklische Tabellenbelegung verzichtet werden. Wenn die Tabellen zyklisch belegt werden sollen, muß zusätzlich zum Untergruppennamen auch die ganze Kette der hierarchisch übergeordneten Baugruppen gespeichert werden. Dieser Weg soll hier beschritten werden.

Wir wollen dieses Beispiel auch zum Anlaß nehmen, den Umgang mit Textvariablen zu üben. Zur optischen Betonung verwenden wir dafür Variablennamen, die mit einem Dollarzeichen enden. Die Wertzuweisung auf Textvariablen schreiben wir wie bei numerischen Variablen. Für das Zusammenfügen von Texten verwenden wir das Pluszeichen.

Beispiel:

A$ = "LEG"
B$ = "ENDE"
C$ = A$ + B$

Diese drei Anweisungen ergeben bei C$ den Inhalt "LEGENDE".

Zusätzlich wird noch eine sogenannte Substringfunktion benötigt, mit der Teile eines Textes herausgegriffen werden können. Wir schreiben sie als MID$(Q$,A,L). Darin bedeuten Q$ den Quellentext, A die Position des ersten Zeichens, L die Anzahl der zu kopierenden Zeichen.

Beispiel:

MID$(C$,4,3) ergibt "END".

Bei der Erörterung der Zyklenkontrolle verwenden wir die gleichen Variablen wie bei der Stücklistenauflösung. Es kommen hinzu:

J = Länge des Baugruppennamens
F = Fehlerkennzahl

Anstelle der Tabelle G benutzen wir allerdings

G$ = Tabelle der Namen der Baugruppen und ihrer Vorgänger.

Das einzelne Tabellenelement (G$(L)) soll so belegt sein, daß auf den ersten J Stellen der Name der aufzulösenden Gruppe steht. Falls die Gruppe Untergruppe war, steht der Name der übergeordneten Gruppe auf den Stellen J + 1 bis 2 J. War auch diese Gruppe Untergruppe, steht ihr Vorgänger auf den Stellen 2 J + 1 bis 3 J usw. Das Ende einer solchen Ahnenkette ist daran erkennbar, daß die MID$-Funktion anstelle eines Namens nur Leerzeichen (blank) liefert.

Wenn wir zunächst die einfache Stücklistenauflösung auf nichtnumerische Gruppennamen umschreiben wollen, brauchten wir in Bild 8.19 nur überall G$ statt G zu setzen. Sehen wir das als erledigt an. Überlegen Sie nun, an welcher Stelle des modifizierten Struktogramms die Zyklenkontrolle eingefügt werden kann.

DENKPAUSE

Geeignet sind mehrere Stellen! Unmittelbar vor dem Lesen der Stückliste zu G$(L) (Baugruppenname ist MID$ (G$(L),1,J)) könnte das Tabellenelement G$(L) auf Korrektheit überprüft werden. Die Kontrolle könnte auch im Unterprogramm „UNTERGRUPPEN“ unmittelbar vor dem Speichern in die Tabelle erfolgen (früher G(I)=T), oder auch etwas weiter oben direkt vor der Indexerhöhung I = I + 1. Der Autor hat sich für den Ort (nach einer eventuell ergänzten Prüfung des Tabellenüberlaufs) unmittelbar vor dem Einspeichern entschieden. Das Ergebnis der Kontrolle soll den übergeordneten Programmteilen über die Fehlerkennzahl F mitgeteilt werden: F=0 bedeutet korrekte Kette, F=1 bedeutet Zyklus. Versuchen Sie nun, die Zyklenkontrolle in das Struktogramm einzufügen.

DENKPAUSE

Falls Ihr Entwurf im wesentlichen mit Bild 8.20 übereinstimmt, haben Sie eine korrekte Lösung gefunden.

Da die Kontrolle auf den verschiedenen Stufen des Auflösungsprozesses für verschieden lange Ahnenketten funktionieren muß, ist eine Schleife erforderlich. Jeder Gruppenname aus dem Tabellenelement der aufzulösenden Gruppe (G$(L)) wird mit dem Namen der Untergruppe (T$) verglichen. Natürlich kann dieser Prüfprozeß beim ersten Fehler beendet werden.

Zusätzlich wurde noch die früher schon angesprochene Kontrolle auf Tabellenüberlauf ergänzt, so daß in diesem Struktogramm alle wesentlichen Aspekte der Stücklistenauflösung abgehandelt sind.

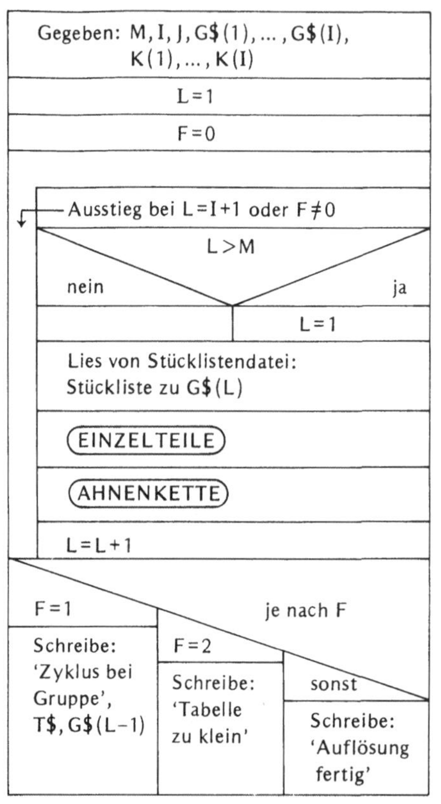

Bild 8.20
Stücklistenauflösung mit Zyklenkontrolle

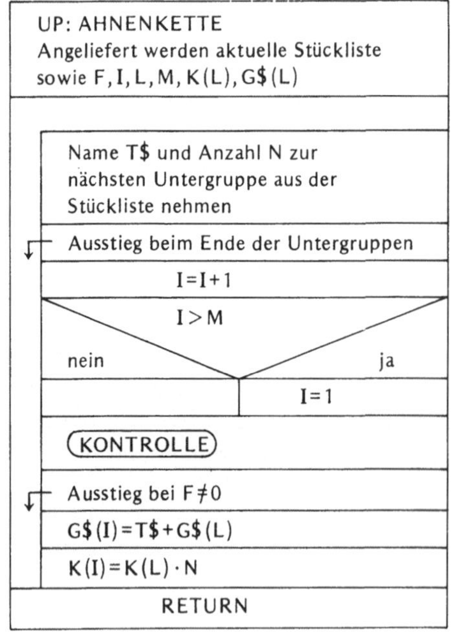

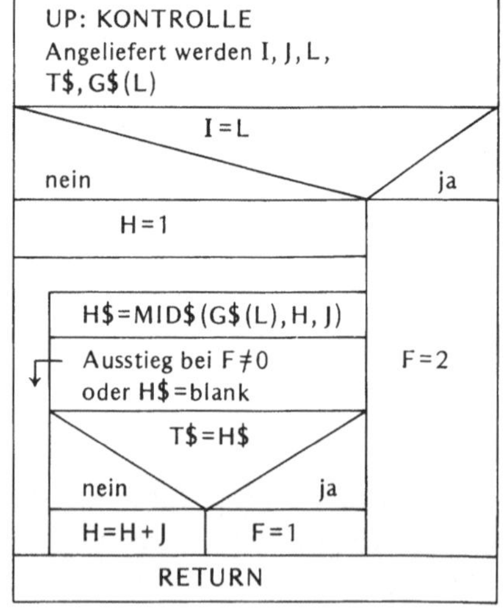

Das Unterprogramm „AHNENKETTE" stimmt weitgehend mit „UNTERGRUPPEN" überein. Ergänzt wurden der Aufruf des Kontrollprogramms und die Abfrage der Fehlerstatusgröße F. Sie muß natürlich auch im Steuerprogramm überprüft werden.

8.8 Polygonfläche

In diesem Abschnitt wollen wir uns mit Streckenzügen (Polygonen) beschäftigen, die in einer Ebene liegen. Bild 8.21 zeigt Beispiele solcher Streckenzüge. Wenn der erste und letzte Punkt zusammenfallen, ein „geschlossenes Polygon" vorliegt, wird dadurch eine Fläche definiert (Fälle b, d und e). Wir wollen den Flächeninhalt berechnen, wenn die Koordinaten der Knickpunkte eines geschlossenen Polygons vorgegeben werden.

Für Spezialfälle wie Dreieck, Rechteck, regelmäßiges n-Eck stehen die Flächenformeln in den gängigen Formelsammlungen. Für allgemeine geschlossene Polygone müssen wir uns den Berechnungsweg zuerst überlegen. Wie kann der allgemeine Fall auf leicht zu handhabende Spezialfälle zurückgeführt werden?

DENKPAUSE

Geschlossene Polygone können in Dreiecke zerlegt werden. Das Viereck d) läßt sich wahlweise durch die Linien P_1P_3 oder P_2P_4 in zwei Dreiecke gliedern. Im Fall e) gelingt die

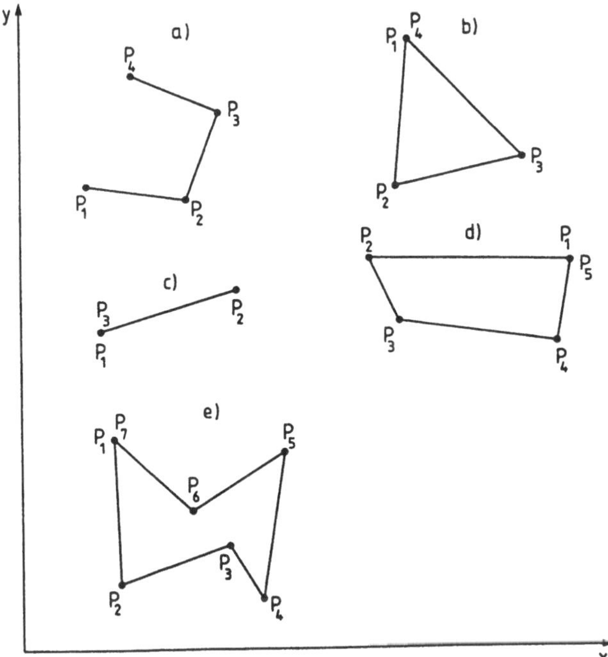

Bild 8.21
Streckenzüge in der Ebene

Zerlegung z.B. durch P_3P_5, P_3P_6, P_2P_6. Die Frage bleibt allerdings, wie eine derartige Zerlegung bei *beliebigen* Polygonen vorzunehmen ist.

Aus Rücksicht auf Ihre kostbare Zeit werden Sie an dieser Stelle nicht aufgefordert, sich eine geeignete Strategie zu überlegen. Die Lösung könnte nur von wenigen, mathematisch vorgebildeten Lesern gefunden werden. Stattdessen reduzieren wir die Leistung des zu erstellenden Programms. Ein solches Zurückweichen kann auch bei Ihren Programmentwicklungen manches Mal nötig sein.

Größere Programme realisiert man am besten in Ausbaustufen. Dabei sollte vorab überlegt werden, wie aus der ersten Stufe durch *machbare* Erweiterungen schließlich die Endstufe gewonnen wird. Mitunter sind aber die ursprünglichen Forderungen stark überzogen. Wenn erkannt wurde, daß sie nur mit unangemessen hohem Programmaufwand abzudecken sind, sollte überlegt werden, ob auf einen Teil der Leistung verzichtet und dennoch ein nutzbringendes Programm erstellt werden kann.

Einen Stufenplan können wir derzeit nicht aufstellen, deshalb kappen wir die Leistung: Wir betrachten nur „konvexe" Polygone, bei denen mit je zwei Punkten stets auch deren Verbindungsstrecke ganz in der umschlossenen Fläche (einschließlich Rand) liegt. Beispiele zeigt Bild 8.22. Diese Polygone werden in Dreiecke zerlegt, wenn von irgendeiner Ecke her Verbindungslinien zu allen Ecken gezogen werden.

Es muß noch präzise gefaßt werden, wie der Benutzer das geschlossene, konvexe Polygon eingeben soll. Jeder Punkt wird durch seine (X,Y)-Koordinaten beschrieben. Der Rand wird so durchlaufen, daß die Fläche links des Weges liegt. Zum Ausdruck der Geschlossenheit wird der erste Punkt als letzter noch einmal genannt. Beachten Sie, daß die Anzahl der Ecken nicht begrenzt ist und der Benutzer die Ecken nicht zählen muß.

Eingabe: Eckpunkte eines konvexen Polygons,
erster Punkt wird noch einmal als letzter eingegeben.

Ausgabe: Inhalt der umschlossenen Fläche.

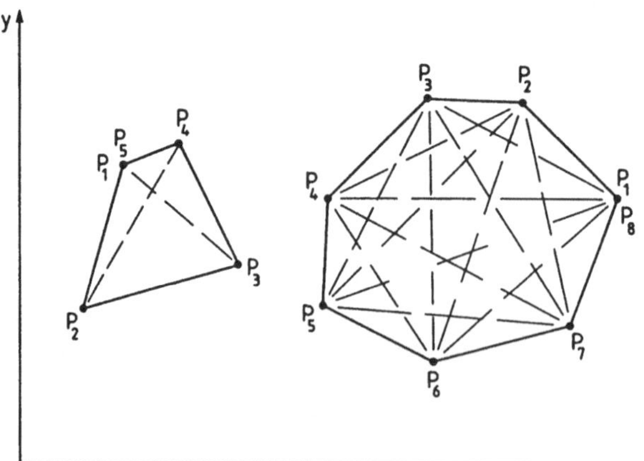

Bild 8.22
Konvexe Polygone

Da beliebig viele Punkte verarbeitet werden müssen, wird die Rechnung so organisiert, daß so früh wie möglich mit der Flächenberechnung begonnen wird, um die gelesenen Punkte bald wieder „vergessen" zu können. Dazu wird das Polygon von P_1 her geteilt (Bild 8.23).

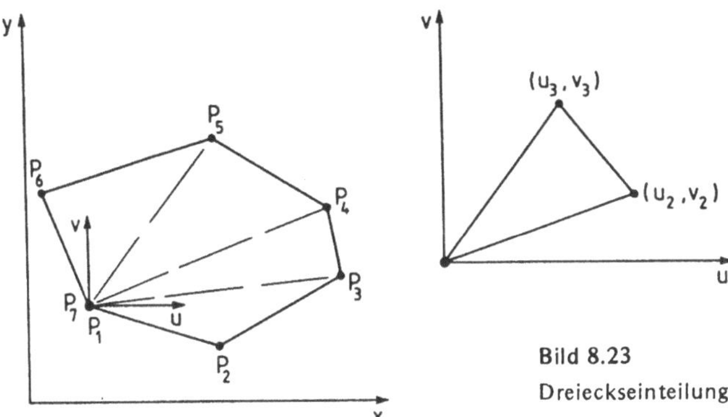

Bild 8.23
Dreieckseinteilung

Es ergeben sich also die Dreiecke (P_1, P_2, P_3), (P_1, P_3, P_4), (P_1, P_4, P_5), (P_1, P_5, P_6) usw. Sie sehen, daß P_1 immer und jeder der anderen Punkte nur in zwei aufeinander folgenden Dreiecken auftritt.

Die Flächenformel [1] für ein Dreieck vereinfacht sich stark, wenn eine Ecke im Ursprung liegt. Für das Dreieck (o,o), (U_2, V_2), (U_3, V_3) gilt

$$A = \frac{1}{2}(U_2 V_3 - U_3 V_2)$$

Deshalb werden die Punkte P_i für die Berechnung in das (U,V)-Koordinatensystem transformiert:

$$U = X - X_1$$
$$V = Y - Y_1$$

Versuchen Sie, das Struktogramm zu entwerfen.

DENKPAUSE

Es sollen viele Punkte verarbeitet werden. Daher muß im Mittelpunkt Ihrer Lösung ein Wiederholungsblock stehen (Bild 8.24, Version a). In dieser Schleife muß der jeweils nächste Punkt gelesen werden. Er wird einen Beitrag zur Fläche A liefern. Die Schleife soll verlassen werden, wenn der erste Punkt erneut genannt wird. Deshalb wird dieser vor der Schleife gelesen (Bild 8.24, Version b).

Um im Entwurfsvorgang voranzukommen, stellt man sich am besten auf den Standpunkt, ein Teil der Dreiecke sei bereits korrekt aufsummiert. Ein Schleifendurchlauf bringt einen neuen Punkt und damit ein neues Dreieck hinzu. Die zweite Ecke dieses

Dreiecks wird von dem im letzten Durchlauf gelesenen Punkt gebildet und die dritte liegt stets bei P_1. Was muß im Schleifenblock ergänzt werden?

DENKPAUSE

Man hätte zunächst die Zeile zur Flächenfortschreibung komplettieren können. Wir haben dabei die Namen aus Bild 8.23 entlehnt. Zwischen dieser Zeile und dem Lesen muß natürlich die Transformation von (X,Y) nach (U3, V3) eingefügt werden. Nun gilt es noch, die Variablen U2 und V2 richtig zu füllen. Dazu wird der im *vorigen* Durchlauf hinzugekommene Punkt benötigt. Wir finden ihn im Moment des Lesens auf U3 und V3 (Bild 8.24, Version c).

Was fehlt jetzt noch zur vollständigen Lösung? Natürlich die Ausgabe und einige Startwerte! Mancher Leser wird der Ansicht sein, daß auch das Lesen des zweiten Punktes vor dem Wiederholungsblock erfolgen muß. Ein solcher Gedanke ist naheliegend – es geht aber auch ohne weiteres Lesekommando. Welche Startwerte sind dann nötig?

DENKPAUSE

Die Inhalte der Variablen U3, V3 und A werden verwendet, ohne daß ihnen vor der Schleife Werte zugewiesen wurden. Die Fläche A erhält natürlich den Startwert 0. Doch wie soll mit dem Vorgänger (U3,V3) verfahren werden?

Es muß sichergestellt werden, daß beim ersten Schleifendurchlauf (Lesen des Punktes P_2) der Wert von A nicht verändert wird. Das gelingt mit den Startwerten U3 = 0, V3 = 0. Zusätzlich haben wir die Division durch 2 hinter die Schleife gelegt und erhalten die Lösung aus Bild 8.25.

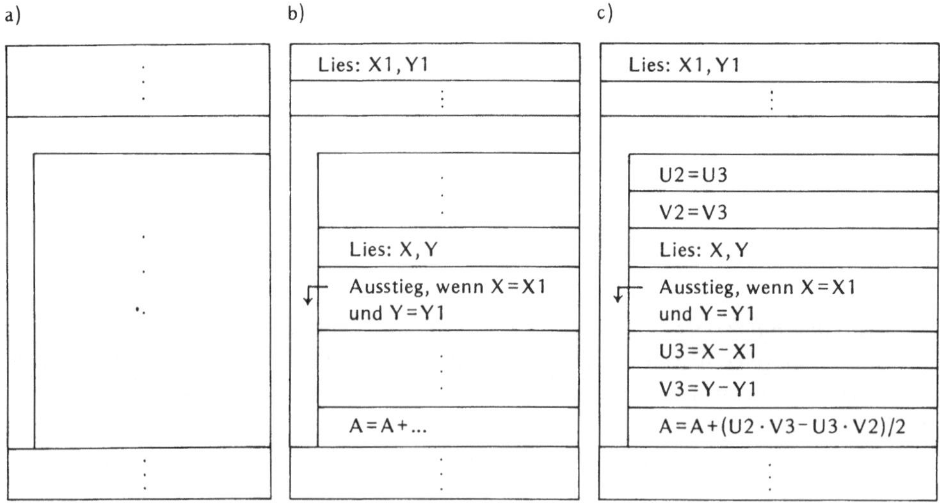

Bild 8.24 Vorstufen zur Polygonflächenberechnung

Lassen Sie uns noch etwas bei diesem Beispiel verweilen und das Testen von Programmen erörtern! Übertragen Sie dazu die Lösung aus Bild 8.25 in die Sprache Ihres Rechners. Wie weisen Sie nach, daß die Lösung inhaltlich korrekt ist?

DENKPAUSE

Haben Sie eventuell den Eindruck, das Programm sei falsch? Überlegen Sie, ob Sie die verabredeten Regeln bei der Dateneingabe eingehalten haben:

– Wir wollten konvexe Polygone bearbeiten.

– Der Rand soll so durchlaufen werden, daß die Fläche links liegt.

– Von jedem Eckpunkt sind X- und Y-Koordinate einzugeben.

– Der erste Punkt muß als letzter wiederholt werden.

```
A=0
U3=0
V3=0
Lies: X1, Y1
  ┌ U2=U3
  │ V2=V3
  │ Lies: X, Y
  │ Ausstieg, wenn X=X1 und Y=Y1
  │ U3=X−X1
  │ V3=Y−Y1
  └ A=A+U2·V3−U3·V2
A=A/2
Schreibe: 'Fläche ist', A
```

Bild 8.25
Polygonflächenberechnung

```
10 REM ***      POLYGONFLAECHE          ***
20 PRINT " JEWEILS PUNKTKOORDINATEN  X,Y"
30 PRINT " ZUM SCHLUSS ERSTEN PUNKT NOCH EINMAL"
40 DIM X(500),Y(500)
100 A=0: U3=0: V3=0
110 INPUT "X,Y ";X1,Y1
120 U2=U3: V2=V3
130 INPUT "X,Y ";X,Y
140 IF X=X1 AND Y=Y1 THEN 180
150 U3=X-X1: V3=Y-Y1
160 A=A+U2*V3-U3*V2
170 GOTO 120
180 A=A/2
190 PRINT " FLAECHE IST ";A
200 END
```

Bild 8.26
BASIC-Programm: Polygonfläche

Haben Sie die Regeln beachtet, aber trauen den Ergebnissen nicht, nehmen Sie folgendes Zahlenbeispiel:

1 1
3 1
3 4
1 4
1 1

Wenn nicht das Ergebnis 6 geliefert wird, ist Ihr Programm tatsächlich falsch. Versuchen Sie, Ihren Fehler zu finden. Vergleichen Sie Quellenprogramm und Struktogramm, sehen Sie genau hin, was Sie tatsächlich geschrieben haben,...

Im weiteren wird unterstellt, daß Ihr Programm (s. Bild 8.26) korrekt arbeitet. Für Dreiecke, Rechtecke, regelmäßige Vielecke haben Sie sich durch eine Kontrollrechnung davon überzeugt. Wie wird denn der entartete Fall c) aus Bild 8.21 bewältigt?

Ein solches Ausloten der Leistungsgrenzen gehört gewöhnlich zum Programmtest. Sie sollten auch einmal den Durchlaufsinn verändern: Geben Sie z.B. ein Dreieck wie in Bild 8.21, Fall b) korrekt ein, beim nächsten Versuch nehmen Sie die gleichen Punkte, aber vertauschen P_2 und P_3. Versuchen Sie es auch einmal mit nichtkonvexen Flächen wie in Bild 8.27. Den Fall a) können Sie als Differenz zweier Dreiecke leicht kontrollieren. In Fall b) müßte die Differenz der beiden Rechtecke berechnet werden.

Wenn Sie Ihre Programme grundsätzlich in diesem Stil testen, werden Sie manches Mal erleben, daß sie mehr leisten als verlangt. So extrem wie im Fall der Polygonfläche wird das Ergebnis allerdings selten sein. Wir haben das Programm für konvexe Polygone konzipiert. Es arbeitet aber für die eingangs angestrebten, beliebigen Polygone, sogar für gelochte Flächen. Zu achten ist aber auf den richtigen Durchlaufsinn des Randes: Die gesuchte Fläche muß immer links liegen! Andernfalls wechselt das Vorzeichen, und bei Flächen mit mehreren Aussparungen ergäben sich völlig unübersichtliche Verhältnisse.

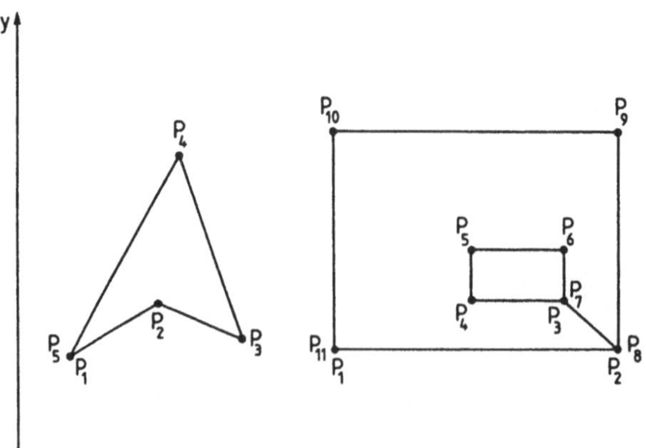

Bild 8.27
Nichtkonvexe Polygone

8.9 Rombergverfahren

Hier wollen wir uns mit dem Problem befassen, die Fläche unter einer Kurve zu berechnen. Bild 8.28, Teil a) zeigt, von welcher Art die betrachteten Flächen sind: Der Rand wird durch die Geraden $y = 0$, $x = a$ und $x = b$ sowie den Graphen der Funktion $y = f(x)$ definiert.

Der Grundgedanke des Berechnungsverfahrens ist, das Intervall $[a,b]$ in Streifen zu zerlegen, auf jedem Streifen die wahre Fläche durch ein Trapez anzunähern (Bild 8.28, Teile b und c) und die Trapezflächen zu addieren. Das Ergebnis ist ein Näherungswert für die gesuchte Fläche. Offen ist die Frage nach dem Fehler, d.h. nach der Abweichung zwischen dem wahren Flächeninhalt und dem Näherungswert. Ferner muß ein Weg gefunden werden, den Fehler kleiner zu machen als eine vorgebbare Schranke.

Diese Forderung wird durch eine Verfeinerung der Teilung erreicht. Bild 8.28, Teil d) zeigt, wie die Hinzunahme eines neuen Punktes den Fehlerbeitrag des Streifens $[X_{K-1}, X_K]$ verringert. Wenn Ihnen diese grafische Begründung suspekt erscheint, können Sie in der Spezialliteratur (Integralrechnung) den exakten Beweis dafür finden, daß (für alle gängigen Funktionen) der Gesamtfehler beliebig klein wird, wenn man die Teilung so verfeinert, daß die maximale Streifenbreite gegen 0 geht.

Im Hinblick auf die bequeme Programmierung werden wir nur Teilungen mit gleicher Streifenbreite verwenden:

$$b - a = nh \;, \quad n = \text{Streifenanzahl} \;, \quad h = \text{Streifenbreite}$$

Der entsprechende Näherungswert berechnet sich nach der Formel

$$S_h = h\left(\frac{f(a) + f(b)}{2} + f(a+h) + f(a+2h) + \ldots + f(a+(n-1)h)\right)$$

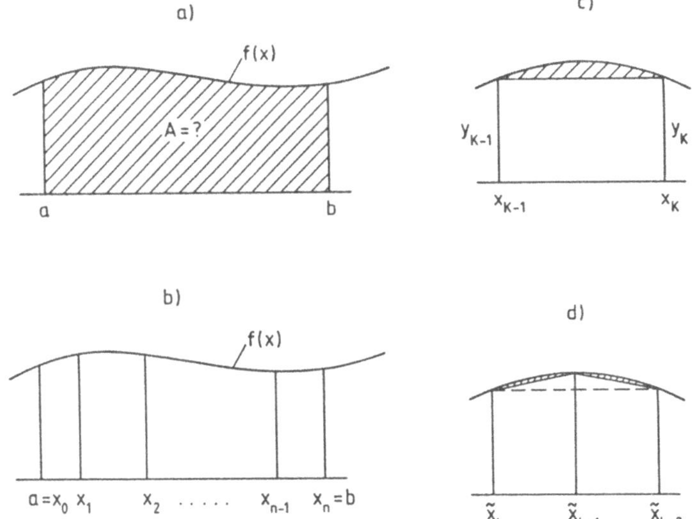

Bild 8.28 Sehnentrapezmethode zur Flächenberechnung

bzw. in mathematischer Kurzschreibweise

$$S_h = h\left(\frac{f(a) + f(b)}{2} + \sum_{i=1}^{n-1} f(a+ih)\right)$$

Eine Abschätzung des Fehlers kann man über Taylorreihen gewinnen. Die daraus resultierende Aussage läßt sich nach einer Idee von Romberg aber auch dazu nutzen, um aus zwei mit diesem „Sehnentrapezverfahren" gewonnenen Näherungen in einfacher Weise eine weitere Näherung mit geringerem Fehler zu berechnen. Zunächst wird S_h ermittelt, dann die Streifenzahl verdoppelt bzw. die Streifenbreite halbiert und der zugehörige Näherungswert $S_{h/2}$ berechnet. Daraus ergibt sich nach Romberg die verbesserte Näherung

$$R^{(1)}_{h/2} = \frac{4\,S_{h/2} - S_h}{3}$$

Mit einer weiteren Halbierung der Streifenbreite wird $S_{h/4}$ berechnet und nach Romberg verbessert:

$$R^{(1)}_{h/4} = \frac{4\,S_{h/4} - S_{h/2}}{3}$$

Aus diesen beiden Rombergverbesserungen erster Stufe läßt sich eine Verbesserung zweiter Stufe gewinnen:

$$R^{(2)}_{h/4} = \frac{16\,R^{(1)}_{h/4} - R^{(1)}_{h/2}}{15}$$

Jede weitere Halbierung der Streifenbreite liefert einen weiteren Sehnentrapez-Näherungswert, aus dem zusammen mit den vorangegangenen Rombergwerten eine neue Serie von Rombergverbesserungen gewonnen wird. Wenn die Sehnentrapezwerte als Rombergwerte 0-ter Stufe bezeichnet werden

$$R^{(0)}_{h/2^n} = S_{h/2^n}$$

lassen sich die Rombergverbesserungen allgemein in folgender Form schreiben

$$R^{(i)}_{h/2^n} = \frac{4^i\,R^{(i-1)}_{h/2^n} - R^{(i-1)}_{h/2^{n-1}}}{4^i - 1}, \quad 1 \leqslant i \leqslant n$$

Lassen Sie sich durch diese Formel nicht erschrecken! Das Programm wird einfacher als das derzeit scheinen mag. Sie haben eine gute Chance, die Gesamtlösung zu finden, wenn Sie sich einen geeigneten Stufenplan zurechtlegen und den Entwurf in Etappen erstellen. In welchen Ausbaustufen wollen Sie vorgehen?

DENKPAUSE

Bevor man sich mit Rombergverbesserungen befassen kann, braucht man Sehnentrapez-Näherungswerte. Daher bieten sich wohl folgende Ausbaustufen an.

1. Berechnung der Näherung S_h zu vorgegebenen Werten von a, b und n.
2. Verdoppelung der Streifenanzahl und Berechnung des zugehörigen Sehnentrapez-Näherungswertes.
3. Ergänzung der Rombergverbesserungen.

Entwerfen Sie nun das Struktogramm zu Stufe 1.

Eingabe: Grenzen a, b und Streifenanzahl n
Ausgabe: Sehnentrapez-Näherungswert

DENKPAUSE

Der Kern des Problems ist die Berechnung der Summe der Funktionswerte von f(x) für die Argumente $a+h, a+2h, \ldots, a+(n-1)h$. Dazu wird eine Schleife benötigt, die als Zählschleife konzipiert werden kann. Unkritisch dürfte der Anfang des Struktogramms sein mit der Eingabe von A, B, N und der Berechnung von H (s. Bild 8.29, Version a).

In der Schleife müssen Funktionswerte summiert und das Argument jeweils um H weitergesetzt werden. Nach der Schleife muß mindestens mit H multipliziert und das Ergebnis gedruckt werden (Bild 8.29, Version b).

Jetzt ist zu prüfen, welche weiteren Maßnahmen vor der Schleife nötig sind. Dazu verfolgt man, was passierte, wenn Version b) ausgeführt würde. Sofern der Ausstieg nicht schon beim ersten Schleifendurchlauf erfolgt, würde die Funktion F mit einem zufälligen Argument aufgerufen; denn dem Platz X wurde bislang kein Wert zugeordnet. Die gleiche Lücke besteht bezüglich S. Nun wird überlegt, welche Werte diesen Variablen oberhalb der Schleife zuzuweisen sind. Einen Vorschlag dafür zeigt Bild 8.29, Version c).

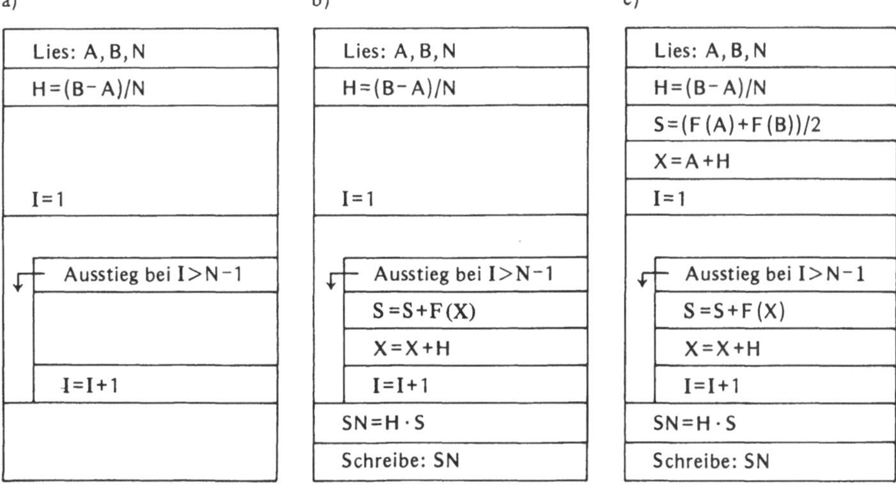

Bild 8.29 Sehnentrapez-Näherungswerte

Nun können wir uns der Ausbaustufe 2 zuwenden! In dieser Stufe sollte nach einem Durchlauf die Streifenzahl verdoppelt und die Flächenberechnung wiederholt werden. Damit das Programm nicht ununterbrochen verdoppelt, sollten wir dem Benutzer die Entscheidung überlassen, ob ein erneuter Durchlauf gewünscht oder das Programm beendet werden soll. Bei der anstehenden Erweiterung des Programms sollte erkannt werden, daß in der verfeinerten Teilung die alten Teilungspunkte wieder auftreten. Es kommen die jeweiligen Intervallmitten hinzu. Die Lösung ist so zu formulieren, daß nur an den neuen Punkten Funktionswerte berechnet werden. Wie sieht das entsprechend erweiterte Struktogramm aus?

DENKPAUSE

Zunächst muß die Flächenberechnung in eine weitere Schleife eingebettet werden. In den Körper dieser Schleife gehören am Anfang sicher die Zuweisung von Startwerten für X und I. Nach der Ausgabe lesen wir eine Steuerungsgröße, die entscheidet, ob verfeinert wird oder nicht (Bild 8.30, Version a). Falls ein zweiter Durchgang erfolgen soll, müssen

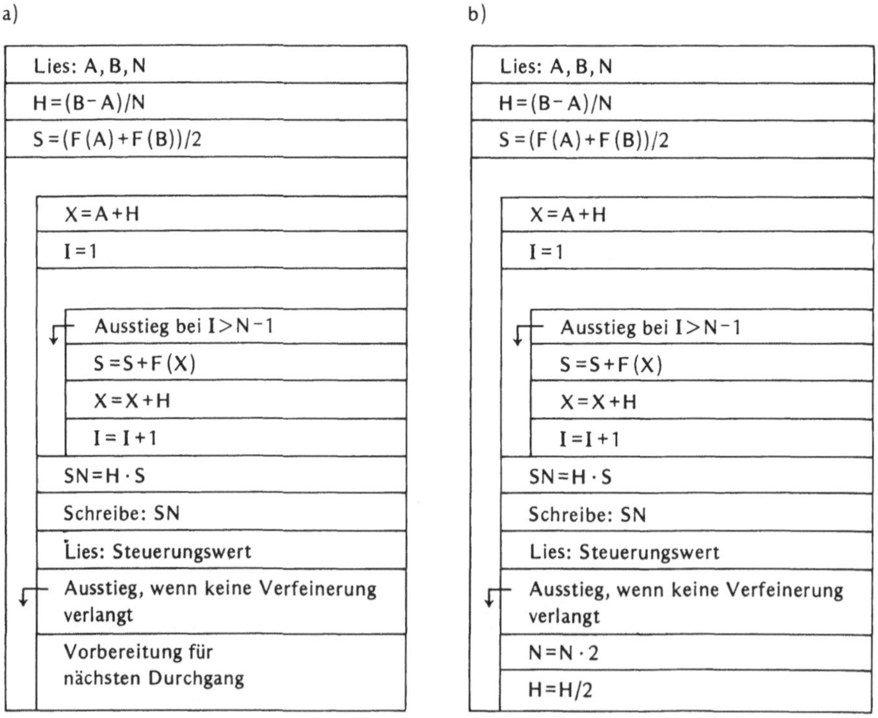

a)

```
Lies: A, B, N
H=(B-A)/N
S=(F(A)+F(B))/2
  X=A+H
  I=1
    Ausstieg bei I>N-1
    S=S+F(X)
    X=X+H
    I=I+1
  SN=H·S
  Schreibe: SN
  Lies: Steuerungswert
  Ausstieg, wenn keine Verfeinerung verlangt
  Vorbereitung für nächsten Durchgang
```

b)

```
Lies: A, B, N
H=(B-A)/N
S=(F(A)+F(B))/2
  X=A+H
  I=1
    Ausstieg bei I>N-1
    S=S+F(X)
    X=X+H
    I=I+1
  SN=H·S
  Schreibe: SN
  Lies: Steuerungswert
  Ausstieg, wenn keine Verfeinerung verlangt
  N=N·2
  H=H/2
```

Bild 8.30 Verdoppelung der Streifenzahl (1. Teil)

die Streifenzahl N und die Streifenbreite H modifiziert werden (Bild 8.30, Version b). Diese Fassung ist aber keine korrekte Lösung! Was ist falsch?

DENKPAUSE

Beim Beginn des zweiten Durchlaufs startet S mit der Funktionswertesumme vom Ende des ersten Durchlaufs, wie es angestrebt war. Die Berechnung der Funktionswerte in der inneren Schleife erstreckt sich aber über alle Teilungspunkte zwischen a und b und nicht nur auf die hinzugekommenen. Dadurch ergibt sich am Ende des zweiten Durchgangs eine falsche Funktionswertesumme S. Was kann dagegen getan werden?

Ein Gedanke ist, auch den Startwert für S in die äußere Schleife zu verlagern. Das würde zwar korrekte Ergebnisse liefern, aber unvertretbar viel Rechenzeit verbrauchen. Entgegen unserer Zielsetzung würden nämlich doch jedesmal alle Teilungspunkte durchlaufen.

Der Ausweg liegt in der Einführung weiterer Variabler. Die Streifenbreite H eignet sich vom zweiten Durchlauf an nicht dafür, von einem Argument zum nächsten vorzusetzen. Für dieses Vorsetzen benutzen wir H1. Beim ersten Durchlauf muß H1=H, bei allen folgenden muß H1=2•H sein. Entsprechend eignet sich die Streifenzahl N nicht zur Steuerung der inneren Schleife. Beim ersten Durchlauf müssen N−1 innere Punkte, bei allen folgenden Durchläufen N/2 neue innere Punkte erfaßt werden. Wir führen zur Steuerung die Variable N1 ein, die entsprechend zu versorgen ist. Erweitern Sie das Struktogramm aus Bild 8.30, Version b).

DENKPAUSE

Im ersten Schritt sollte die innere Schleife entsprechend den vorangegangenen Erläuterungen umformuliert werden (Bild 8.31, Version a). Sodann werden vor der äußeren Schleife und an deren Ende je zwei Wertzuweisungen zur Versorgung von H1 und N1 ergänzt (Bild 8.31, Version b).

Mit dem jetzt erreichten Stand läßt sich schon leidlich gut arbeiten. Man setzt die Rechnung solange fort, bis sich aufeinanderfolgende Ergebnisse nur noch geringfügig unterscheiden. (Eine Erörterung der Fehlerproblematik kann in [2] nachgelesen werden.) Entsprechend unserem Stufenplan wollen wir jetzt die Rombergverbesserungen einfügen. Wo und wie würden Sie Bild 8.31, Version b) erweitern?

DENKPAUSE

Erst wenn ein weiterer Näherungswert nach der Sehnentrapezmethode vorliegt, können Rombergverbesserungen berechnet werden. Diese verlagern wir in ein Unterprogramm, so daß in das letzte Struktogramm nur ein Aufruf einzufügen ist (Bild 8.32, Teil a).

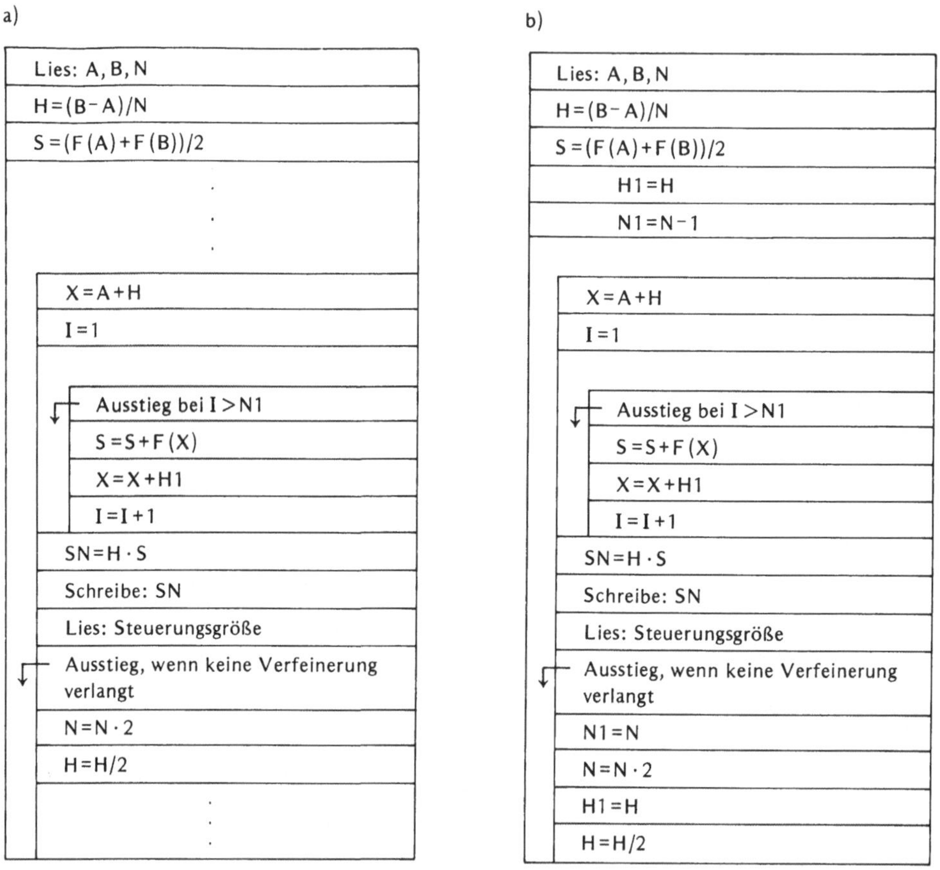

a)

Lies: A, B, N
H=(B-A)/N
S=(F(A)+F(B))/2
.
.
.
X=A+H
I=1
Ausstieg bei I>N1
S=S+F(X)
X=X+H1
I=I+1
SN=H·S
Schreibe: SN
Lies: Steuerungsgröße
Ausstieg, wenn keine Verfeinerung verlangt
N=N·2
H=H/2
.
.
.

b)

Lies: A, B, N
H=(B-A)/N
S=(F(A)+F(B))/2
H1=H
N1=N-1
X=A+H
I=1
Ausstieg bei I>N1
S=S+F(X)
X=X+H1
I=I+1
SN=H·S
Schreibe: SN
Lies: Steuerungsgröße
Ausstieg, wenn keine Verfeinerung verlangt
N1=N
N=N·2
H1=H
H=H/2

Bild 8.31 Verdoppelung der Streifenzahl (2. Teil)

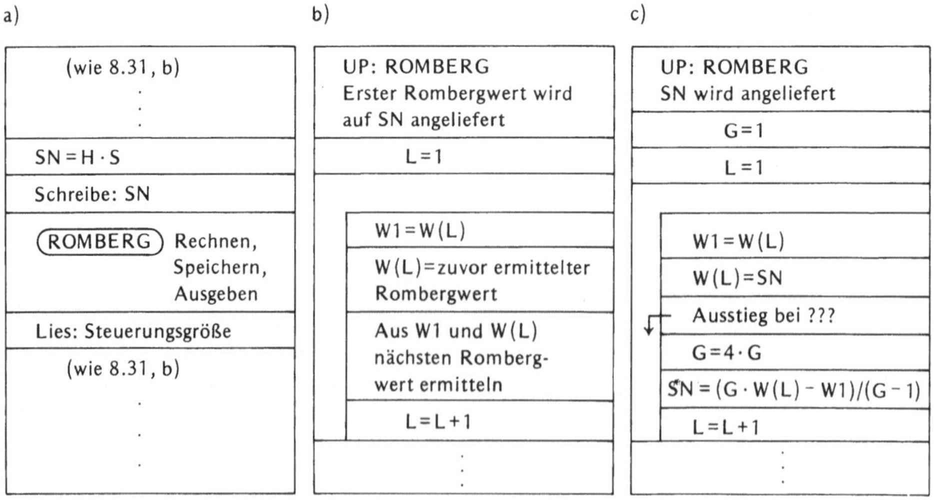

a)

(wie 8.31, b)
.
.
SN=H·S
Schreibe: SN
(ROMBERG) Rechnen, Speichern, Ausgeben
Lies: Steuerungsgröße
(wie 8.31, b)
.
.
.

b)

UP: ROMBERG
Erster Rombergwert wird auf SN angeliefert
L=1
W1=W(L)
W(L)=zuvor ermittelter Rombergwert
Aus W1 und W(L) nächsten Romberg-wert ermitteln
L=L+1
.
.
.

c)

UP: ROMBERG
SN wird angeliefert
G=1
L=1
W1=W(L)
W(L)=SN
Ausstieg bei ???
G=4·G
SN=(G·W(L)-W1)/(G-1)
L=L+1
.
.
.

Bild 8.32 Vorstufen zum Romberg-Verfahren

Im Romberg-Unterprogramm ist zu beachten, daß beim ersten Aufruf der mitgereichte Näherungswert nur gespeichert werden muß. Erst vom zweiten Aufruf an wird hier gerechnet. Wie kann aus den benutzten Variablen erkannt werden, ob der erste Aufruf vorliegt?

Beim ersten Aufruf sind H und H1 gleich groß, danach ist H1 immer größer als H, so daß wir über diese Variablen den angesprochenen Sonderfall erkennen können. Nun zur eigentlichen Leistung des Unterprogramms!

Gehen wir noch einmal zur allgemeinen Rombergformel zurück und sehen uns an, welche Werte nötig sind, um einen neuen Rombergwert zu ermitteln. Bild 8.33 zeigt im oberen Teil das Schema: Der erste Wert in der Reihe der „neuen Rombergwerte" wird über SN angeliefert. Der zweite neue Wert wird aus dem ersten neuen und dem ersten alten, der dritte neue aus dem zweiten neuen und dem zweiten alten berechnet usw. Registrieren Sie, daß der erste alte Wert nicht mehr nötig ist, wenn der zweite neue Wert ermittelt wurde. Der zweite alte Wert ist unnötig, wenn der dritte neue Wert bekannt ist usw. Daher bietet sich zur Speicherung des jeweils aktuellen Satzes von Rombergwerten eine Tabelle W an. Sie wird gefüllt, wie im unteren Teil von Bild 8.33 gezeigt. Es ist aber zu beachten, daß die alten Werte erst überspeichert werden, wenn sie nicht mehr nötig sind. Versuchen Sie zunächst nur, in einer Schleife die Neubelegung der Tabelle W darzustellen. Um die genaue Rechenformel, den Ausstieg und den ersten Aufruf des Unterprogramms sollten Sie sich noch nicht kümmern.

DENKPAUSE

In der Schleife muß das Einspeichern in die Tabelle W vor der Berechnung des nächsten Rombergwertes erfolgen, weil der erste Wert schon auf SN bereitgestellt ist. Vor dem Einspeichern retten wir den alten Tabellenwert nach W1, weil wir ihn später benötigen (Bild 8.32, Teil b).

alte Rombergwerte

	$R^{(0)}_{h/2^{n-1}}$	$R^{(1)}_{h/2^{n-1}}$		$R^{(n-1)}_{h/2^{n-1}}$
$R^{(0)}_{h/2^n}$	$R^{(1)}_{h/2^n}$	$R^{(2)}_{h/2^n}$		$R^{(n)}_{h/2^n}$

aktueller Näherungswert SN — neue Rombergwerte

	W(1)	W(2)			W(n+1)
alt	$R^{(0)}_{h/2^{n-1}}$	$R^{(1)}_{h/2^{n-1}}$		$R^{(n-1)}_{h/2^{n-1}}$	
neu	$R^{(0)}_{h/2^n}$	$R^{(1)}_{h/2^n}$			$R^{(n)}_{h/2^n}$

Bild 8.33
Rechen- und Speicherungsschema

Jetzt können wir uns der Formel zuwenden. Es muß überlegt werden, wie die Gewichtsfaktoren (4 im ersten, 4^2 im zweiten, 4^3 im dritten Durchlauf usw.) aufgebaut werden können. Da der erste Rombergwert auf SN steht, sollen auch die folgenden auf diesem Platz bereitgestellt werden. Wie lautet dann das Struktogramm für das Romberg-Unterprogramm?

DENKPAUSE

Ein Gewichtsfaktor G wird bei jedem Durchlauf mit 4 multipliziert, SN nach der eingangs aufgeführten Formel berechnet (Bild 8.32, Teil c). Zwei Dinge sind noch offen: Der Ausstieg aus der Schleife und die Ausgabe der Rombergwerte.

Lies: A, B, N
H=(B-A)/N
S=(F(A)+F(B))/2
H1=H
N1=N-1
M=0
W(1)=0
X=A+H
I=1
Ausstieg bei I>N1
S=S+F(X)
X=X+H1
I=I+1
SN=H·S
(ROMBERG) Tabelle W fortschreiben
Schreibe: W(1), ..., W(M)
Lies: Steuerungsgröße
Ausstieg, wenn keine Verfeinerung verlangt
N1=N
N=N·2
H1=H
H=H/2

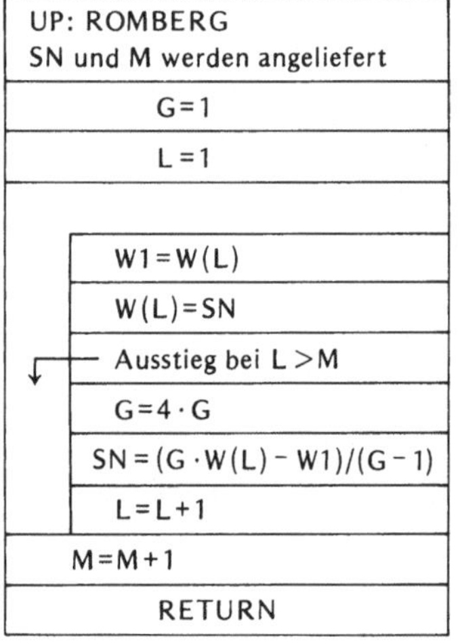

Bild 8.34 Romberg-Verfahren

```
10 REM ***     ROMBERGVERFAHREN     ***
20 PRINT "   INTEGRALBERECHNUNG NACH ROMBERG": PRINT
30 PRINT " DIE AKTUELLE FUNKTION 'FNF' WIRD IN ZEILE 90 VEREINBART" : PRINT
50 DIM W(100)
90 DEFFNF(X)= 1 + SIN(X)
100 A=0: B=0: INPUT " GRENZEN (A,B), (ENDE=RETURN) ";A,B
110 IF A=B THEN 390
120 INPUT " ANZ. STREIFEN FUER 1. DURCHGANG ";N: IF N<2 THEN 120
130 REM N=1 ERFORDERT 'ABWEISENDE' FOR...NEXT SCHLEIFE, DESHALB N>1 VERLANGT
140 H=(B-A)/N
150 S=(FNF(A)+FNF(B))/2
160 H1=H: N1=N-1: M=0
200 X=A+H
210 FOR I=1 TO N1
220 S=S+FNF(X)
230 X=X+H1
240 NEXT I
250 SN=H*S
260 GOSUB 1000
270 PRINT " INTEGRALWERT UND ROMBERGWERTE"
280 FOR I=1 TO M: PRINT W(I): NEXT I
290 W$="": INPUT " ENDE=E, SONST ERNEUTER DURCHLAUF ";W$
300 IF W$="E" THEN 390
310 N1=N: N=N*2
320 H1=H: H=H/2
330 GOTO 200
390 END
1000 REM            ROMBERG-VERBESSERUNG
1010 REM            SN UND M SIND GESETZT
1020 G=1: L=1
1030 W1=W(L): W(L)=SN
1040 IF L>M THEN 1090
1050 G=4*G
1060 SN=(G*W(L)-W1)/(G-1)
1070 L=L+1
1080 GOTO 1030
1090 M=M+1
1100 RETURN
```

Bild 8.35

BASIC-Programm: Romberg-Verfahren

Für den Ausstieg ist erforderlich, den Füllstand der Tabelle W zu kennen. Da die bisherigen Variablen dafür ungeeignet sind, führen wir dafür die Variable M ein, die wir im übergeordneten Programm anfangs auf 0 setzen und im Unterprogramm aktualisieren. Hinsichtlich der Ausgabe ändern wir das ursprüngliche Konzept: Das Unterprogramm soll die Tabelle W füllen, das Hauptprogramm die entsprechenden Werte drucken (Bild 8.34).

8.10 Wurf in einen Korb

Der Autor (und mit ihm wohl mancher Leser) findet es beeindruckend, mit welcher Sicherheit einige Basketballspieler bei Würfen aus großer Distanz in den Korb treffen. Das gab Anlaß zur Entwicklung eines Programms, mit dem dieser Vorgang simuliert werden kann. Der Benutzer soll dabei einige Kennwerte (z.B. Abwurfwinkel, Anfangsgeschwindigkeit) solange variieren, bis er den Korb getroffen hat. Zur Vereinfachung beschränken wir uns auf den *direkten* Wurf in den Korb.

Bei der Benutzung des fertigen Programms werden Sie sich eventuell über Ihre geringe Trefferquote wundern. Dabei bietet das Programm sogar vereinfachte Bedingun-

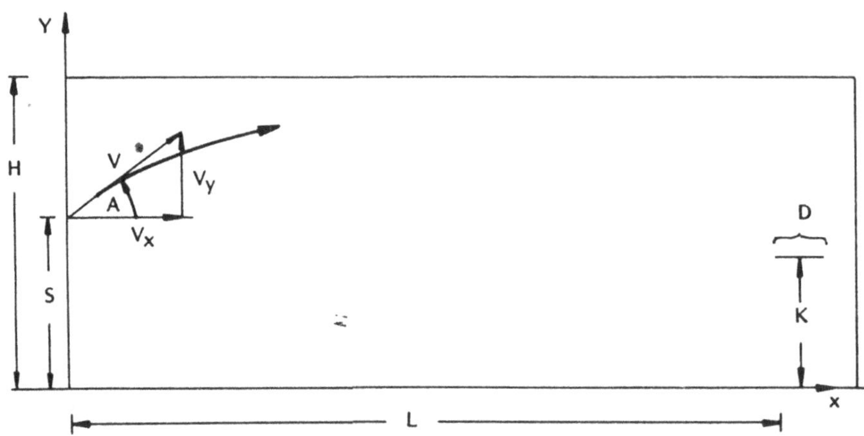

Bild 8.36 Prinzipskizze zum Korbwurf

gen, weil hier mit einem punktförmigen Ball gespielt wird. Trösten Sie sich: Auch die Berufsamateure des Sports haben klein angefangen.

Über den Aspekt des Spielens hinaus verdient der Eingabeteil besondere Beachtung. Wir wollen ihn so gestalten, daß Kennwerte verändert oder vom letzten Versuch übernommen werden können. Hinsichtlich der Anzahl und der Zusammenstellung der zu ändernden Kennwerte soll völlige Freiheit geboten werden.

Bild 8.36 zeigt eine Prinzipskizze des Problems sowie die bei der weiteren Erörterung zu verwendenden Größen. Zur leichteren Abstimmung sollten Sie bei Ihren Entwürfen die vorgegebenen Namen verwenden:

H Hallenhöhe in [m]
D Korbdurchmesser in [m]
K Korbhöhe in [m]
L Entfernung Spieler – Korbvorderkante in [m]
S Starthöhe des Balles in [m]
V Anfangsgeschwindigkeit in [m/s]
A Abwurfwinkel in [Grad]

Diese sieben Variablen dürfen nicht beliebige Werte annehmen. Überlegen Sie, welche Minimalforderungen von den Daten erfüllt sein müssen!

DENKPAUSE

Wir werden im weiteren folgende Bedingungen stellen:

$0 < H$	$0 < S < H$
$0 < D$	$0 < V$
$0 < K < H$	$-90 < A < 90$
$0 < L$	

Nachdem einmal eine zulässige Konstellation der sieben Kennwerte vorgelegen hat, z.B. nach dem ersten Durchlauf des Programms, kann die Zulässigkeit für die Zukunft mühelos garantiert werden. Es war doch vorgesehen, daß der Benutzer Kennwerte modifizieren darf. Wenn dabei jeder Wert sofort überprüft und nur anerkannt wird, falls er die vorgenannten Bedingungen erfüllt, können nie mehr unzulässige Datenkonstellationen auftreten. Wie aber soll am Programmanfang verfahren werden? Wie kann sichergestellt werden, daß mit einem Satz korrekter Kennwerte begonnen wird?

DENKPAUSE

Folgende Wege führen zum Ziel:

1. In einem separaten Programmteil werden die sieben Variablen in der oben genannten Reihenfolge gelesen und sofort überprüft.

   Kritik: Für die Eingabe der Startwerte und die Modifikation müssen getrennte Programmteile geschrieben werden. Das Programm wird größer als nötig.

2. Die erste Eingabe und die Modifikation der Daten erfolgen im gleichen Programmteil, anfangs wird die Möglichkeit zur Übernahme alter Daten unterdrückt.

   Kritik: In diesem Eingabeteil müssen immer alle sieben Werte angesprochen werden. Eine Modifikation in der Art, daß der Benutzer Bezeichnung und Wert der zu ändernden Größe nennt und mitteilt, wann die nächste Wurfbahn berechnet werden soll, läßt sich nicht ohne zusätzlichen Aufwand erreichen.

3. Die sieben Variablen erhalten anfangs unzulässige Startwerte.

   Der unter 2. genannten Kritik wird durch die Aufnahme eines separaten Prüfungsblocks entgegengetreten. Zwischen Modifikationsteil und Berechnungsteil werden alle sieben Werte auf Zulässigkeit geprüft und gegebenenfalls zur Modifikation zurückgegangen.

   Kritik: Eingabedaten sollten möglichst sofort nach der Eingabe einzeln überprüft werden. Verbleibt deshalb die Prüfung im Modifikationsteil, wird das Programm unnötig groß. Erfolgt die Prüfung ausschließlich im Kontrollteil, wird mindestens der Kontrollaufwand unnötig groß (Laufzeit, Fehlerdiagnose und -meldung).

4. Die sieben Variablen erhalten zulässige Startwerte.

Der 4. Weg soll hier beschritten werden. Bevor Sie Ihr Struktogramm entwerfen, müssen aber noch einige Dinge präzisiert werden. Welche Formeln beschreiben die Flugbahn des Balles?

Der physikalische Vorgang ist ein schräger Wurf im Schwerkraftfeld der Erde, beschrieben durch die Bewegungsgleichungen [7]

$$X = V_x \cdot t$$

$$Y = S + V_y \cdot t - \frac{g \cdot t^2}{2}$$

Darin bedeuten t die Zeit nach dem Abwurf (in Sekunden), g die Erdbeschleunigung (9,81 m/s^2), V_x und V_y die waagerechte und die senkrechte Komponente der Anfangsgeschwindigkeit V.

Wir wollen die Flugbahn grafisch darstellen. Dazu werten wir die Bewegungsgleichungen zu verschiedenen Zeiten aus. Zur Darstellung der Kurve sollten etwa 30 Punkte ausreichen. Deshalb wählen wir ein Zeitintervall Δt, mit dem nach 30 Zeitschritten die Strecke L überbrückt ist:

$$30 \cdot \Delta t = \frac{L}{V_x} \quad \text{bzw.} \quad t = \frac{L}{30 \cdot V_x}$$

Nun werden der Reihe nach für $t = 0, t = \Delta t, t = 2 \cdot \Delta t, t = 3 \cdot \Delta t$ usw. die Punktkoordinaten (X, Y) ermittelt und dargestellt. Die Berechnung endet, wenn Decke oder Boden der Halle berührt werden oder in X-Richtung die Strecke L + D zurückgelegt ist. Für den Weg von X = L bis X = L + D werden wir die Schrittweite so verändern, daß auch L + D getroffen wird:

$$5\,\Delta t = \frac{D}{V_x} \quad \text{bzw.} \quad \Delta t = \frac{D}{5 \cdot V_x}$$

Beginnen Sie nun mit der Konstruktion des Lösungsweges. Überlegen Sie, welche Teilprobleme in Unterprogrammen abgehandelt werden sollen. Ihre Unterprogramme selbst sollten Sie noch nicht detailliert darstellen, sondern nur deren Leistung festschreiben.

DENKPAUSE

Da der Benutzer nacheinander mehrere Würfe simulieren können soll, muß im Zentrum des Steuerungsprogramms eine Schleife stehen. Davor werden zulässige Startwerte festgelegt. Am Beginn des Schleifenkörpers sollte der Benutzer Gelegenheit erhalten, die von ihm gewünschten Kennwerte zu nennen. In der Regel wird er alle sieben Werte eingeben. Läßt er einzelne aus, kommen die eingangs gesetzten Startwerte zum Tragen. Der nächste wesentliche Abschnitt ist die Berechnung und Ausgabe der Flugbahn. Daran könnte sich die Ausgabe eines von zwei Texten anschließen, je nachdem ob der Korb getroffen wurde oder nicht (Bild 8.37, Version a).

Welche Teile sollten als Unterprogramm erstellt werden? Wegen des zu erwartenden Umfangs haben sicherlich auch Sie die Eingabe und Prüfung der Kennwerte in ein Unterprogramm verlagert. Da nur hier Benutzereingaben erfolgen, muß auch ein Kennzeichen verarbeitet werden, mit dem der Benutzer die Beendigung des Programms erreicht. Als zweites Unterprogramm bietet sich die Berechnung und Darstellung der Flugbahn an. Das soll nicht ausschließen, daß dieser Teil eventuell noch weiter unterteilt wird, sondern nur festlegen, daß er vom Steuerungsteil her durch *einen* Unterprogrammaufruf gestartet wird (Bild 8.37, Version b).

Lassen Sie uns nun den Eingabeteil konkretisieren. Die angestrebte Flexibilität läßt sich dadurch erreichen, daß der Benutzer durch Nennung des Namens zunächst sagt, welchen Kennwert er ändern möchte. Danach gibt er den gewünschten Wert ein. Damit lassen sich alle Kennwerte in beliebiger Reihenfolge und notfalls auch mehrfach ändern.

a)

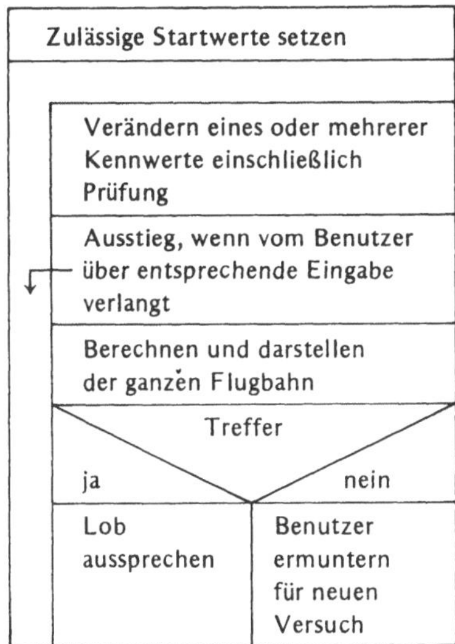

b)

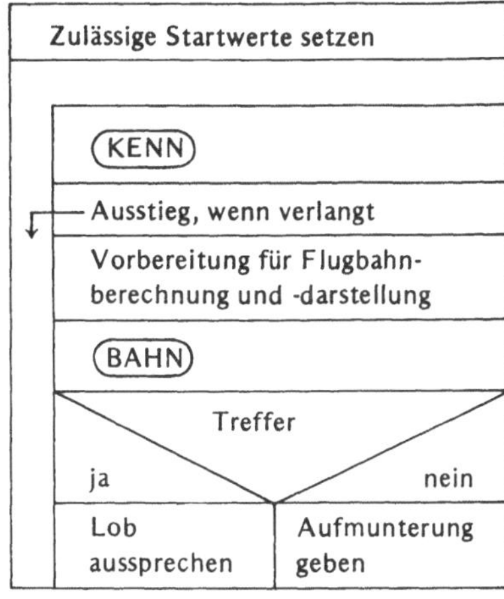

Bild 8.37 Korbwurfsteuerungsteil

Durch Eingabe des Zeichens „↑" wird der Eingabeteil verlassen und die Berechnung begonnen, mit dem Zeichen „@" wird das Programm beendet.

Beispiel eines Eingabevorganges:

S
1.90
L
9.0
↑

Die Steuerungszeichen „↑" und „@" sollten auch in der genannten Form wirken, wenn eigentlich ein Zahlenwert erwartet wird. Daher wird immer auf eine Stringvariable gelesen. Stellt sich die Eingabe als Zahlenwert heraus, wird sie anschließend von der Textdarstellung in die numerische übertragen. Versuchen Sie, daß entsprechende Struktogramm zu entwerfen.

DENKPAUSE

Bild 8.38, Version a) zeigt, wie die Steuerungszeichen und die Kennbuchstaben A, D, H, K, L, S und V verarbeitet werden können. Wichtig ist, sich den aktuellen Kennbuchstaben zu merken, damit der nachfolgende Zahlenwert richtig eingeordnet werden kann. Wir haben dafür H$ genutzt. Zusätzlich zeigen wir dem Benutzer den momentan gültigen Wert.

Version a) läßt auch schon erkennen, daß wir an *derselben* Stelle die Buchstaben, die Steuerungszeichen und die Zahlenwerte lesen wollen. Genügt es, dafür nur die Umwandlung von W$ und die Speicherung dieses Wertes zu ergänzen?

a)

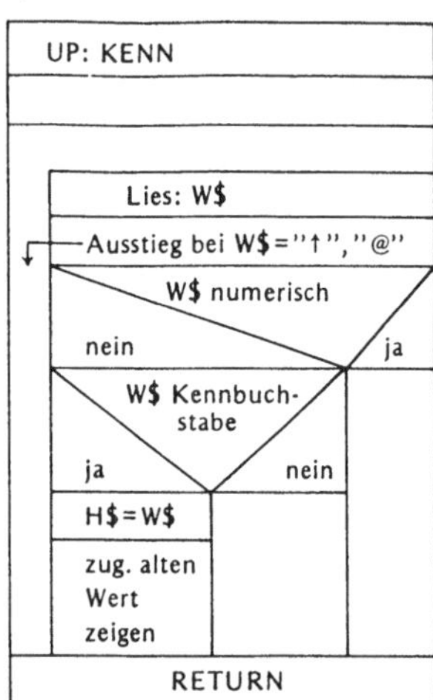

b)

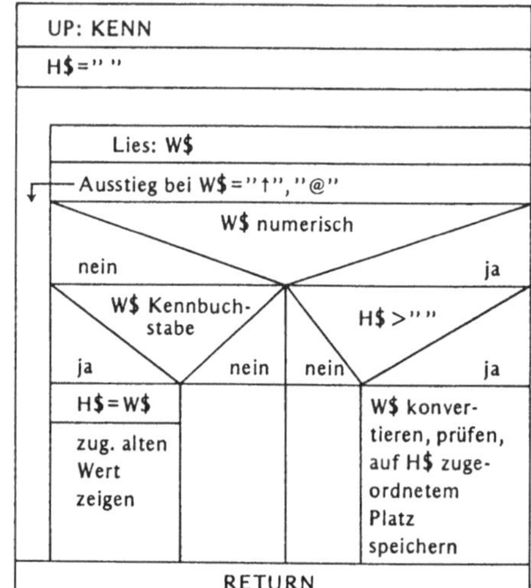

c)

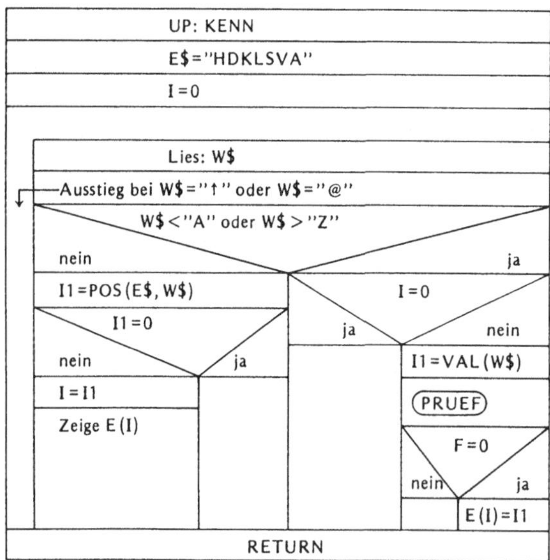

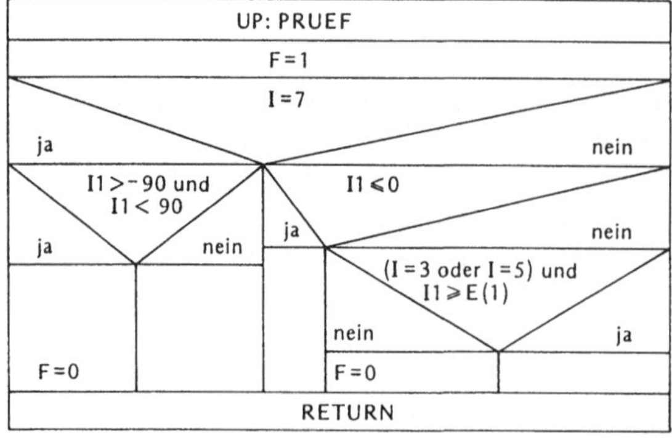

Bild 8.38 Lesen der Kennwerte

DENKPAUSE

Wenn alle Eingaben an derselben Stelle gelesen werden, ist nicht garantiert, daß die vorgesehene Reihenfolge eingehalten wird. Daher muß in dem zu ergänzenden Teil überprüft werden, ob H$ gesetzt ist. Folglich muß vor der Schleife ein Startwert gesetzt werden (Bild 8.38, Version b).

Die vorliegende Struktogrammfassung enthält wohl einen richtigen Gedankengang, sie ist aber nicht unmittelbar codierfähig. Dazu ist noch zu entscheiden, wohin die Zahlenwerte gespeichert werden sollen.

Wir wählen ein Prinzip, das leicht auf andere Anwendungen zu übertragen ist. Wir stellen die erlaubten Kennbuchstaben in einen String ein, z.B.:

E$ = "HDKLSVA"

Parallel dazu legen wir eine einfach indizierte Tabelle E an. E(1) enthält den Wert für H, E(2) den für D usw. Wird ein Kennbuchstabe eingegeben, muß der zugehörige Index ermittelt werden. Wir werden das letzte Struktogramm entsprechend abwandeln und anstelle von H$ einen Index I pflegen. Diesen berechnen wir mit der POS-Funktion. Sie sagt, an welcher Position eines Strings ein bestimmter Substring beginnt.

Beispiele:

POS (E$, "L") ist 4
POS ("L", E$) ist 0
POS (E$, "Z") ist 0
POS (E$, "V") ist 6

Sollte Ihre Programmiersprache diese Funktion nicht enthalten, ermitteln Sie die entsprechende Position in einer einfachen Suchschleife.

Das Umwandeln einer in einem String stehenden Zahl schreiben wir mit der VAL-Funktion.

Beispiele:

VAL ("12.3") ist 12.3
VAL ("12.3XY") ist 12.3
VAL ("XY12.3") ist 0

Nach diesen Festlegungen kann das Struktogramm aus Bild 8.38, Version b) in eine codierfähige Form übertragen werden.

DENKPAUSE

Unseren Vorschlag finden Sie in Bild 8.38, Version c). Wegen der Übersichtlichkeit wurden die Prüfungen in ein weiteres Unterprogramm (PRUEF) verlagert. Wer den Komfort steigern will, könnte auf allen Fehlerästen noch Meldungen aufnehmen, die dem Benutzer die Ablehnung begründen.

Wenden wir uns nun der Berechnung der Flugbahn zu! Wegen der besseren Lesbarkeit benutzen wir bei den ersten Entwurfsstufen noch die Variablennamen aus Bild 8.36. Im Steuerungsteil, wo pauschal vorbereitende Maßnahmen eingeplant waren, oder zu Beginn des Unterprogramms berechnet man V_x, V_y und DT (oben Δt genannt):

$$V_x = V \cdot \cos(A)$$
$$V_y = V \cdot \sin(A)$$
$$DT = L/(30 \cdot V_x)$$

Entwerfen Sie jetzt das Unterprogramm BAHN. Im ersten Ansatz sollten die (X,Y)-Koordinaten des jeweils nächsten Punktes berechnet werden. Daran schließt sich die Prüfung auf Boden- bzw. Deckenkontakt und Treffen des Korbes an. Die Ausgabe der Flugbahn kann zunächst weggelassen werden.

DENKPAUSE

Zentraler Bestandteil der Lösung ist eine Schleife, in der jeweils um einen Zeitschritt vorgegangen wird (Bild 8.38, Version a). Die sich dabei ergebenden Koordinaten (X, Y) müssen überprüft, und die Schleife gegebenenfalls verlassen werden. Das Verlassen der Schleife muß darüberhinaus so gestaltet werden, daß im übergeordneten Programm erkennbar ist, ob der Korb getroffen wurde. Wie läßt sich das erreichen?

Wir führen eine Statusvariable F ein und legen deren Bedeutung wie folgt fest:

$F < 0$, Flugbahn unvollendet
$F = 0$, Treffer
$F > 0$, Mißerfolg

Komplettieren Sie den Entwurf aus Bild 39, Version a).

DENKPAUSE

Ihre Lösung sollte weitgehend mit Bild 8.39, Version b) übereinstimmen. Im Hinblick auf eventuelle Meldungen an den Benutzer des Programms verwenden wir beim Mißerfolg unterschiedliche Kennungen:

F = 1, Deckenkontakt
F = 2, Bodenkontakt
F = 3, Bahn an Korbvorderkante zu niedrig
F = 4, Bahn an Korbhinterkante zu hoch

Erinnern Sie sich, daß wir den Bereich des Korbes in fünf Schritten durchqueren wollten? Deshalb wurde DT verändert. Da wir uns auf den *direkten* Korbwurf beschränkt haben, können wir den Lauf beenden, wenn X größer ist als L + D.

Zur Codierung ein Hinweis! Eingangs haben wir DT so berechnet, daß sich nach 30 Schleifendurchläufen X = L einstellen müßte. Bei vielen Rechnern wird sich aber eine geringe Abweichung ergeben. Daher ist man gut beraten, anstelle von X = L abzufragen,

a)

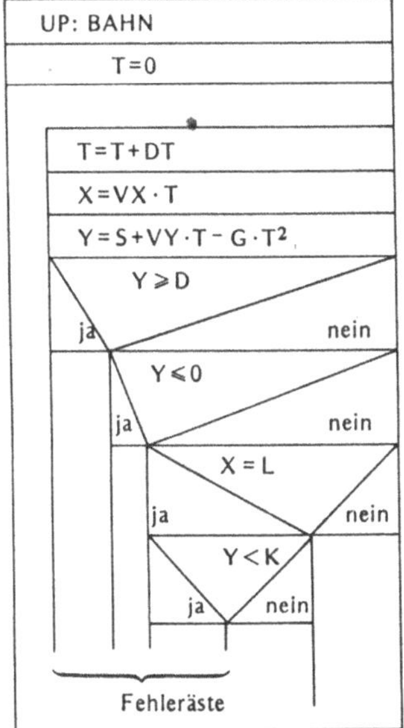

b)

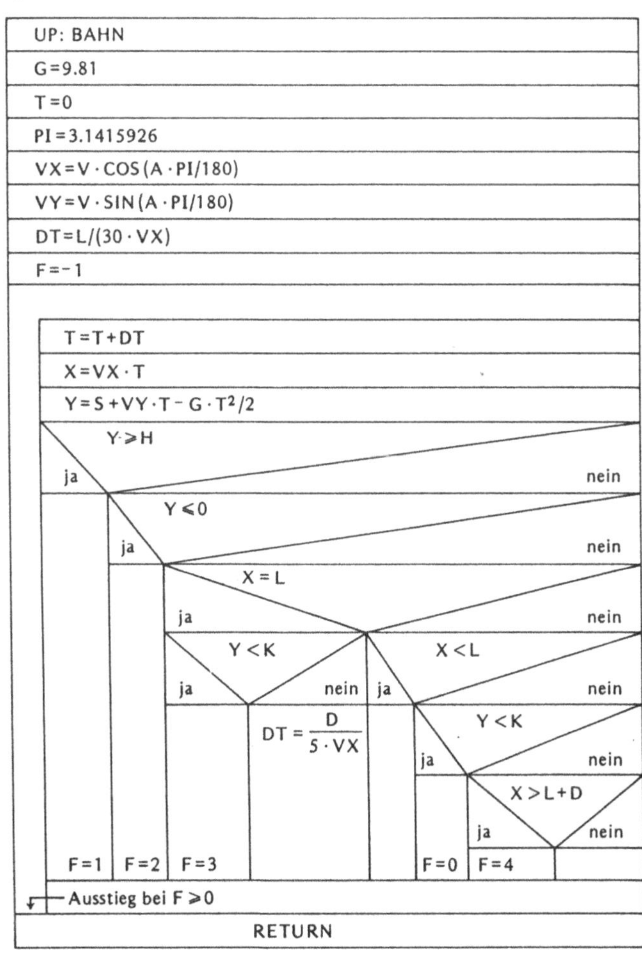

Bild 8.39
Berechnung der Flugbahn

```
10 REM ***     KORBWURFSIMULATION   ***
50 DIM E(7)
60 DATA 8,0.5,2.35,15,2.0,20,35
70 FOR I=1 TO 7: READ E(I): NEXT I
100 GOSUB 1000
110 IF W$="@" THEN 190
120 PRINT "⌝"              : REM F. KURVE
130 GOSUB 2000
140 IF F=0 THEN PRINT " PRIMA !!": PRINT: GOTO 180
150 GOSUB 5000
170 PRINT " STARTEN SIE EINEN NEUEN VERSUCH !"
180 INPUT" WEITER (RETURN)";W$:GOTO 100
190 END
1000 REM              'KENN'
1010 PRINT"⌶⌝"
1020 PRINT " SIE WAEHLEN EINEN KENNBUCHSTABEN,"
1030 PRINT " DANACH GEBEN SIE DEN ZAHLENWERT."
1040 PRINT " KENNBUCHSTABEN SIND 'H,D,K,L,S,V,A'     (S. SKIZZE IM BUCH)."
1050 PRINT " ↑ = STARTEN DER BERECHNUNG, @ = BEENDEN DES PROGRAMMS"
1090 E$="HDKLSVA*": I=0
1100 GOSUB 4000: W$="↑": INPUT "⌝ KENNBUCHSTABE, ZAHLENWERT, ↑, @ ";W$
1110 IF W$="↑" OR W$="@" THEN 1290
1120 IF W$<"A" OR W$>"Z" THEN 1200
1130 FOR I1=1 TO 8
1140 IF MID$(E$,I1,1)=W$ THEN 1170
1150 NEXT I1
1160 GOTO 1100
1170 I=I1
1190 GOTO 1100
1200 IF I=0 THEN 1100
1210 I1=VAL(W$)
1220 GOSUB 3000
1230 IF F=0 THEN E(I)=I1
1240 GOTO 1100
1290 RETURN
2000 REM              'BAHN'
2010 VX=E(6)*COS(E(7)*π/180): VY=E(6)*SIN(E(7)*π/180)
2020 T=0: DT=E(4)/(30*VX): G=9.81: F=-1
2040 REM              Z$,S$,Z1,S1 F.KURVE
2050 Z$="QQQQQQQQQQQQQQQQQQQQQQQQQQQQQQQQQ"
2060 S$="]]]]]]]]]]]]]]]]]]]]]]]]]]]]]]]]]]]]]]]]]]"
2100 T=T+DT
2110 X=VX*T: Y=VY*T+E(5)-G*T↑2/2
2115 Z1=3+20*(E(1)-Y)/E(1)
2120 S1=35*X/(E(2)+E(4))
2125 IF Z1>0 AND S1>0 THEN PRINT LEFT$(Z$,Z1);LEFT$(S$,S1);"*"
2130 IF Y>=E(1) THEN F=1: GOTO 2280
2140 IF Y<=0 THEN F=2: GOTO 2280
2150 IF X=E(4) THEN 2200
2160 IF X<E(4) THEN 2280
2170 IF Y<E(3) THEN F=0: GOTO 2280
2180 IF X>E(4)+E(2) THEN F=4
2190 GOTO 2280
2200 IF Y<=E(3) THEN F=3: GOTO 2280
2210 DT=E(2)/(5*VX)
2280 IF F<0 THEN 2100
2290 RETURN
3000 REM              'PRUEF'
3010 F=1
3020 IF I=7 THEN 3070
3030 IF I1<=0 THEN 3090
3040 IF (I=3 OR I=5) AND I1>=E(1) THEN 3090
3050 F=0
```

Fortsetzung Bild 8.40

```
3060 GOTO3090
3070 IF I1>-90 AND I1<90 THEN F=0
3090 RETURN
4000 REM      MOMENTANE WERTE AB ZEILE 7
4010 PRINT "[illegible]"
4020 PRINT" HALLENHOEHE      [M] : H=";E(1)
4030 PRINT" KORBDURCHMESSER [M] : D=";E(2)
4040 PRINT" KORBHOEHE        [M] : K=";E(3)
4050 PRINT" DISTANZ ZUM KORB[M] : L=";E(4)
4060 PRINT" ABWURFHOEHE      [M] : S=";E(5)
4070 PRINT" ANFANGSGESCHW.[M/S] : V=";E(6)
4080 PRINT" STARTWINKEL  [GRAD] : A=";E(7)
4090 PRINT"
4100 RETURN
5000 REM               FEHLER ERLAEUTERN
5010 IF F=1 THEN PRINT" DECKENKONTAKT BEI";X
5020 IF F=2 THEN PRINT" BODENKONTAKT BEI";X
5030 IF F=3 THEN PRINT" BALLHOEHE AN KORBANFANG NUR";Y
5040 IF F=4 THEN PRINT" BALLHOEHE AN KORBENDE NOCH";Y
5090 RETURN
```

Bild 8.40 BASIC-Programm: Korbwurfsimulation

ob sich X und L um weniger als DT/2 unterscheiden:

$$|X-L| < DT/2 \quad \text{bzw.} \quad ABS(X-L) < DT/2$$

Die angestrebte grafische Ausgabe ist stark rechnerabhängig, so daß wir uns hier auf eine verbale Erörterung der dazu nötigen Ergänzungen beschränken.

- Vor der Schleife muß der erste Punkt der Flugbahn hinzugenommen werden.
- Alle Maße, insbesondere die berechneten Koordinaten müssen mit einem geeigneten Maßstabsfaktor multipliziert werden, damit die verfügbare Zeichenfläche gut ausgenutzt wird.
- Die Ausgabe könnte unmittelbar vor der Ausstiegsbedingung eingefügt werden. Beim Mißerfolg und extremer Datenkonstellation könnte die Zeichenfläche verlassen werden. Gegebenenfalls muß der letzte Punkt zuvor auf den Rand zurückgesetzt werden.

8.11 Linienzugprogramm ‚LEIF'

Mancher Leser wird sich an Sprüche erinnern wie „Das ist das Haus vom Nikolaus" oder „Wer das nicht kann, kriegt keinen Mann". Diese sind mit dem Problem verbunden, mit einem zusammenhängenden Linienzug die Figur aus Bild 8.41 zu zeichnen. Der Stift darf während des Zeichnens nicht abgehoben und es darf jede Strecke nur einmal gezogen werden. Wissen Sie (noch), wie es geht?

Wir haben diesem Problem einen Namen gegeben, der den Lösungsweg andeutet: LEIF = Linie endet im Fußpunkt. Vorausgesetzt, diese Interpretation ist sachlich richtig, kann geschlossen werden, daß die Linienzüge auch in einem Fußpunkt anfangen; denn

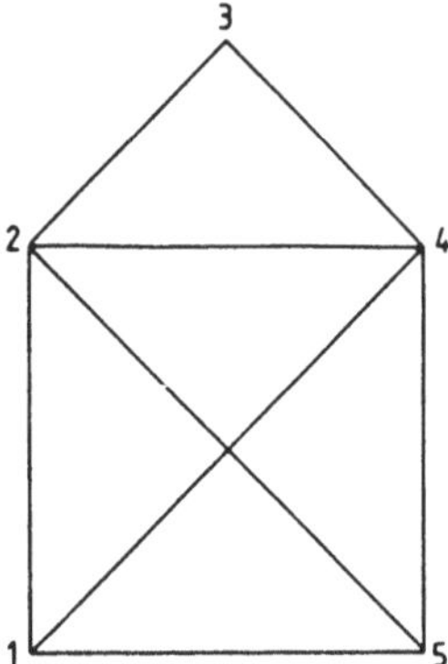

Bild 8.41 Knoten und Wege des Hauses

von Knoten	nach Knoten
1	2
1	4
1	5
2	1
2	3
2	4
2	5
3	2
3	4
4	1
4	2
4	3
4	5
5	1
5	2
5	4
9	9

Bild 8.42 Wegestruktur

wenn man eine Lösung kennt, ist es doch gleichgültig, ob man den Streckenzug vorwärts oder rückwärts zeichnet.

Lösungen können als Folge von Knotennummern dargestellt werden, z.B. 1, 4, 3, 2, 1, 5, 4, 2, 5. Damit ist gemeint, von Knoten 1 zu Knoten 4 zu gehen, dann weiter zu Knoten 3, von dort zu Knoten 2 usw. Wir wollen ein Programm erstellen, das Lösungswege findet. Es soll immer bei Knoten 1 anfangen. Falls mehrere Wege möglich sind, soll über eine Zufallssteuerung die nächste Strecke ausgewählt werden. Um das Programm erstellen zu können, sind einige grundlegende Ideen nötig. Wie können die *möglichen* Wege in einem Programm beschrieben werden? Wie lassen sich erledigte und offene Strecken unterscheiden?

DENKPAUSE

Die Wegestruktur kann mit Hilfe der Knotennummern beschrieben werden. Dabei muß festgelegt werden, ob die Strecken mit oder ohne Richtungsangabe erfaßt werden sollen. Der Autor hat sich für Wege mit Richtung entschieden. Das führt dazu, daß alle Strecken doppelt erfaßt werden müssen, z.B. von 1 nach 2 und von 2 nach 1. Das verlängert zwar die Tabellen, aber das Programm gewinnt an Transparenz. Bild 8.42 zeigt die Wegestruktur. Im Hinblick auf die Auswertung dieser Tabelle haben wir einen weiteren Eintrag ergänzt, der sich von echten Wegen deutlich unterscheidet.

Der Erledigungsvermerk sollte in einer weiteren Tabelle notiert werden, die genau so lang ist wie die Anzahl der in der Strukturtabelle gespeicherten Wege. Das Prinzip ist sofort auf andere Problemstellungen übertragbar. Bei der Lösung unseres Linienzugproblems ist aber zu beachten, daß für jede erledigte Strecke zwei Vermerke einzutragen sind, weil wir alle Strecken doppelt speichern wollen.

Bevor das Programm in der geforderten Form erstellt werden kann, soll die Zufallssteuerung erörtert werden. In der allgemeinen Situation ist der Startknoten S der nächsten Strecke gegeben. Es könnten mehrere, nicht erledigte Wege zur Auswahl stehen. Die Anzahl dieser freien Wege läßt sich aus den oben genannten Tabellen ermitteln. Falls Ihr Rechner über einen Zufallszahlengenerator verfügt, sollten Sie ihn bei diesem Auswahlprozeß einsetzen. Verbreitet sind Generatoren, die eine Zufallszahl aus dem Intervall [0,1) liefern, wobei die obere Grenze 1 ausgenommen bleibt. Wir verwenden dafür die Schreibweise

RND (x)

Der Wert der Variablen x ist von untergeordneter Bedeutung. Wir wollen mit Hilfe des Generators eine Zahl erzeugen, die zwischen 1 und der Anzahl N freier, vom Knoten S wegführender Wege liegt. Das gelingt mit der Formel

M = 1 + INT (N · RND(x))

Den so festgelegten M-ten Weg benutzen wir bei der Fortsetzung des Linienzuges.

Für den Entwurf des Lösungsweges für das Programm ‚LEIF‘ ist nicht entscheidend, ob die Programmiersprache Ihres Rechners eine RND-Funktion enthält. Fehlt sie, müssen Sie sich ein anderes Prinzip überlegen, um den jeweils nächsten Weg auszuwählen. Unabhängig davon sollten Sie jetzt ein erstes, grobes Struktogramm entwerfen. Welche Teilprobleme haben Sie erkannt?

DENKPAUSE

Es sollen acht Strecken gezeichnet werden. Daher könnte in den Mittelpunkt eine Zählschleife gestellt werden, die achtmal durchlaufen wird. Vor der Schleife wird die erste Knotennummer festgelegt (S=1). Im Schleifenkörper muß zunächst die Nummer Z des anzusteuernden Knotens ermittelt werden. Diese wird gedruckt oder, was sicherlich schöner wäre, die Strecke von S nach Z wird gezeichnet. Außerdem müssen die beiden Erledigungsvermerke notiert werden. Diese drei genannten Teilprobleme sollten in Unterprogrammen erledigt werden. Schließlich wird der eben benutzte Zielknoten Z auf den Platz S des Startknotens übertragen, so daß sich ein fortlaufender Linienzug einstellen kann (Bild 8.43, Version a).

Die Auswahl der jeweils nächsten Strecke sollte zufallsgesteuert erfolgen. Konkret ist aus einer der von S wegführenden freien Strecken eine zufällig auszuwählen. Das könnte in zwei Schritten erfolgen, wie in Bild 8.43, Version b) dargestellt.

Vor der Detaillierung des Struktogramms sollten wir die Namen der Variablen und Felder festlegen, die für die Steuerung von Bedeutung sind:

A( ), E( ) Tabellen mit Anfangs- und Endknoten der Wege
F( ) zugehörige Erledigungsvermerke
S,Z Start- und Zielknoten der aktuellen Strecke

a)

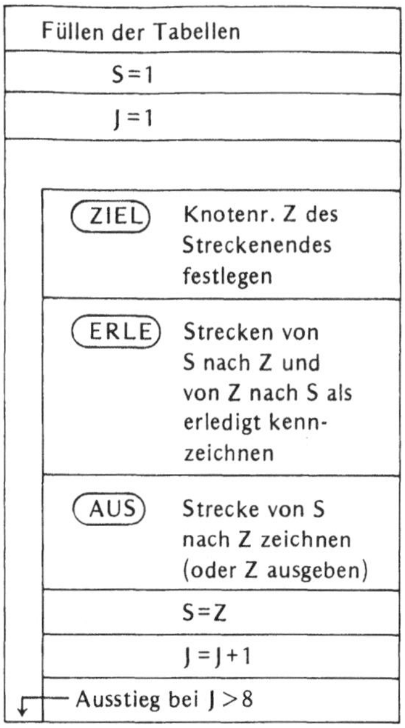

- Füllen der Tabellen
- S=1
- J=1
- Schleife:
  - (ZIEL) Knotenr. Z des Streckenendes festlegen
  - (ERLE) Strecken von S nach Z und von Z nach S als erledigt kennzeichnen
  - (AUS) Strecke von S nach Z zeichnen (oder Z ausgeben)
  - S=Z
  - J=J+1
  - Ausstieg bei J > 8

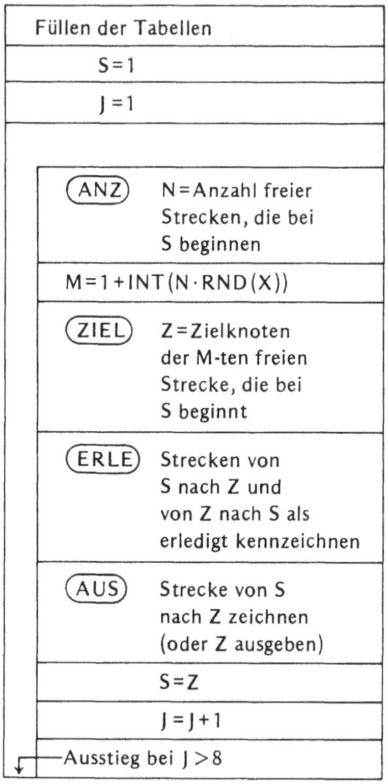

Bild 8.43 Steuerungsteil des Linienzugprogramms

b)

- Füllen der Tabellen
- S=1
- J=1
- Schleife:
  - (ANZ) N=Anzahl freier Strecken, die bei S beginnen
  - M=1+INT(N·RND(X))
  - (ZIEL) Z=Zielknoten der M-ten freien Strecke, die bei S beginnt
  - (ERLE) Strecken von S nach Z und von Z nach S als erledigt kennzeichnen
  - (AUS) Strecke von S nach Z zeichnen (oder Z ausgeben)
  - S=Z
  - J=J+1
  - Ausstieg bei J > 8

Die Felder A und E müssen wie in Bild 8.42 gefüllt werden, also mit je 17 Werten. Alle Plätze des Feldes F werden anfangs auf 0 gesetzt. Bei erledigten Strecken soll später eine 1 eingetragen werden. Weil an der linken, unteren Ecke begonnen werden soll, bekommt S den Startwert 1.

Versuchen Sie jetzt, das Struktogramm für ANZ zu entwerfen.

DENKPAUSE

Wenn man die Lösungen verschiedener Leser vergleichen könnte, bekäme man sehr knappe und sehr lange Struktogramme zu sehen. Wer die Besonderheiten bei der Formulierung der Wegestruktur (Bild 8.42) nicht erkannt hat, kann bestenfalls eine aufwendige Lösung finden. Wo liegen die Besonderheiten?

Die Tabelle ist nach „von"-Knoten aufsteigend sortiert. Da die Strecken doppelt erfaßt sind, findet man alle von S wegführenden Wege über diese Knotennummer in der Tabelle A( ). Man kann A( ) von vorn her durchlaufen und aufhören, sobald A(L) > S ist. Damit auch nach dem letzten „echten" Eintrag in dieser Form ausgestiegen werden kann, wurde die „Pseudostrecke von 9 nach 9" ergänzt. Dabei war nur wichtig, den

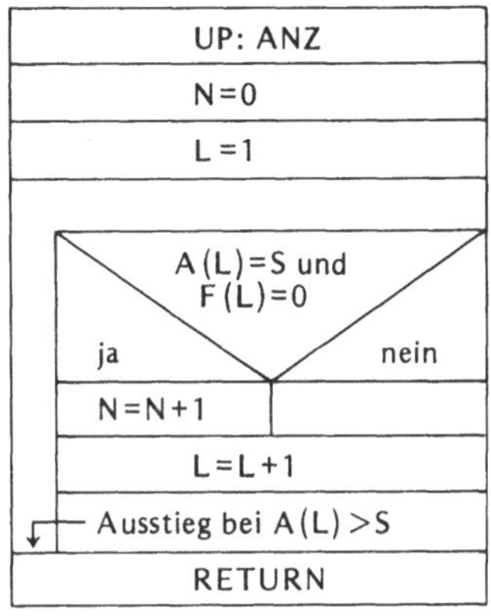

Bild 8.44
Anzahl freier Wege

„von“-Knoten größer zu wählen als den letzten echten Knoten. Wenn Sie diese Dinge berücksichtigt haben, könnte Ihre Lösung ähnlich aussehen wie Bild 8.44.

Nachdem N ermittelt und an das rufende Programm übergeben wurde, wird dort eine zwischen 1 und N liegende Zahl M berechnet. Aufgabe des Unterprogramms ZIEL ist es, aus dem M-ten freien Weg, der von S wegführt, den Zielknoten Z zu ermitteln. Zeichnen Sie Ihr Struktogramm.

DENKPAUSE

Dieses Teilproblem gleicht weitgehend dem vorigen. Dort mußten alle freien Wege registriert werden, hier nur die ersten M Wege. Die beiden Struktogramme sollten daher auch weitgehend übereinstimmen. Aus der Schleife wird an anderer Stelle ausgestiegen und anschließend der betreffende Zielknoten nach Z gebracht (Bild 8.45, Version a).

a)

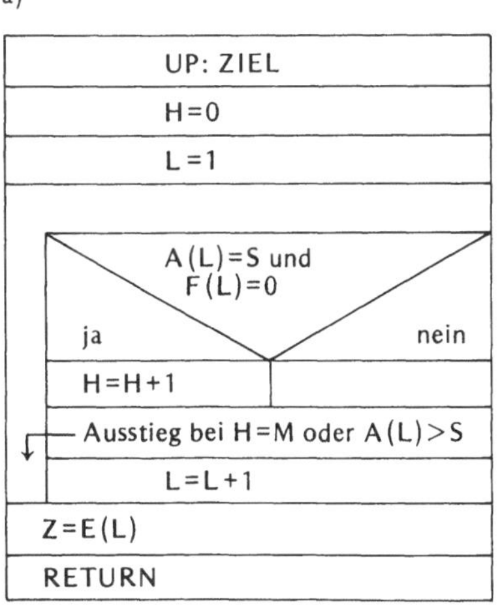

b)

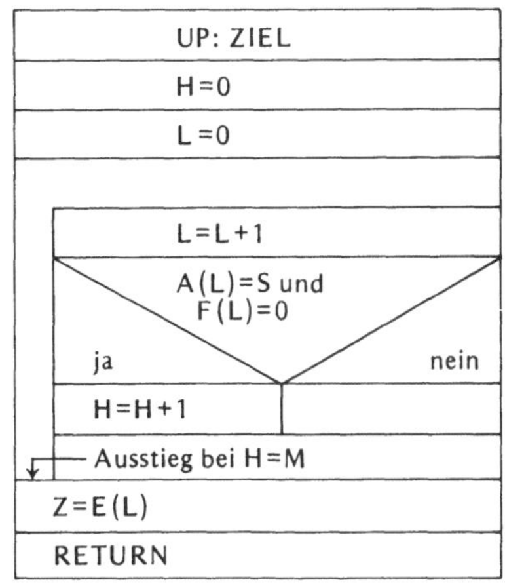

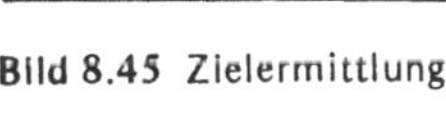
Bild 8.45 Zielermittlung

Erinnern Sie sich an den Rat, den Ausstieg möglichst am Anfang oder Ende des Schleifenkörpers zu placieren? Wenn Sie das zum Anlaß nehmen, Ihr Struktogramm zu überarbeiten, sollten Sie darauf achten, die Schleife nach wie vor mit dem richtigen Index L zu verlassen (Bild 8.45, Version b).

Nehmen Sie sich nun das Unterprogramm ERLE vor.

DENKPAUSE

Auch hier wird die aufsteigende Sortierung der Tabelle A genutzt. Im übrigen wurde in dem Lösungsvorschlag aus Bild 8.46 auf leichte Lesbarkeit des Programms geachtet.

Wer über einen Rechner verfügt, sollte den bisher erarbeiteten Stand in ein Programm umsetzen. Dabei sollte die vorgesehene Unterprogrammstruktur korrekt eingehalten werden. Im Ausgabeteil reicht es, die jeweilige Zielknotennummer Z auszuschreiben. Testen Sie Ihr Programm – und verzagen Sie nicht!

Vorausgesetzt, Sie haben die Logik aus den Struktogrammen richtig in Ihr Programm übertragen und einen Zufallszahlengenerator nutzen können, wird mitunter eine richtige Lösung, mitunter aber nur ein Teil davon gefunden werden.

Bei der Fehlersuche geht man zweigleisig vor. Zum einen sieht man ins Programm oder Struktogramm und entdeckt eventuell einen Denkfehler. Zum andern ordnet man die Testergebnisse. Welche Fälle laufen korrekt? Versagt das Programm nach einer bestimmten Anzahl von Strecken oder bei bestimmten Knoten?

DENKPAUSE

Kritisch sind die Fälle, bei denen der Linienzug zu früh zum Knoten 5 zurückgeführt wird. Daher sollte der Steuerungsteil modifiziert werden. Falls der Knoten 5 als Ziel vor-

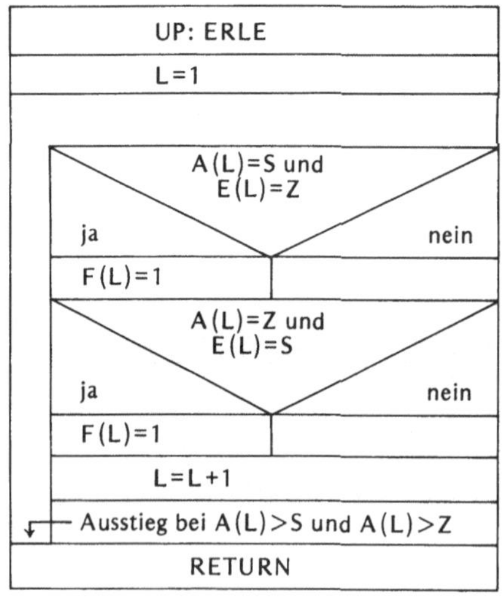

Bild 8.46
Erledigungsvermerk

```
10 REM ***          ' L E I F '        ***
15 DIM A(17),E(17),F(17)
20 DATA 1,1,1,2,2,2,2,3,3,4,4,4,4,5,5,5,9
25 DATA 2,4,5,1,3,4,5,2,4,1,2,3,5,1,2,4,9
30 FOR J=1 TO 17 :READ A(J) :NEXT J
35 FOR J=1 TO 17 :READ E(J) :NEXT J
45 REM     F. 'ZEICHNUNG'
50 DIM X(5),Y(5)
55 DATA 0,0,0,10,5,15,10,10,10,0
60 FOR J=1*TO 5 :READ X(J),Y(J) :NEXT J
65 REM   CURSOR-STEUERTASTEN SPEICHERN
70 Z$="SQQQQQQQQQQQQQQQQQQQQQQQQQ"
75 S$="]]]]]]]]]]]]]]]]]]]]]]]]]]]]]]]"
100 REM ***        STEUERUNG     ***
110 FOR J=1 TO 17:F(J)=0:NEXTJ
120 S=1 :PRINT "J"
130 FOR J=1 TO 8
140 GOSUB1000
150 M=1+INT(N*RND(TI))
160 GOSUB1100
161 REM   1 IST GGF. SACKGASSE
162 IF Z<>1 OR J<>4 THEN 165
163 S1=S :H=Z :S=5 :GOSUB 1000
164 Z=H :S=S1 :IF N<3 THEN Z=0
165 REM   NICHT ZU FRUEH WIEDER NACH 5
166 IF Z<>5 OR J>7 THEN 169
167 S1=S :S=Z :GOSUB 1000
168 Z=S :S=S1 :IF N<3 THEN Z=0
169 IF Z=0 THEN 140
170 GOSUB1200
180 GOSUB1300
190 S=Z
200 NEXT J
210 REM FUER EINZELSCHRITT FOLGEZEILE OHNE 'REM' UND WARTESCHLEIFE RAUS
220 REM INPUT"WEITER";W$ :W$=LEFT$(W$,1)
230 FOR J=1 TO 1000 :S=S :NEXT J
240 IFW$<>"N"THEN100
250 END
300 IF A0$<>"" THEN GOSUB 3000
400 GOTO 200
1000 REM ***      UP: ANZ        ***
1010 N=0:L=1
1020 IF A(L)=S AND F(L)=0 THEN N=N+1
1030 L=L+1
1040 IF A(L)<=S THEN 1020
1050 RETURN
1100 REM ***      UP: ZIEL       ***
1110 H=0:L=0
1120 L=L+1
1130 IF A(L)=S AND F(L)=0THEN H=H+1
1140 IF A(L)<=S AND H<M THEN1120
1150 Z=E(L)
1160 RETURN
1200 REM ***      UP: ERLE       ***
1210 L=1
1220 IF A(L)=S AND E(L)=Z THEN F(L)=1
1230 IF A(L)=Z AND E(L)=S THEN F(L)=1
1240 L=L+1
1250 IF A(L)<=S OR A(L)<=Z THEN 1220
1260 RETURN
1300 REM ***      UP: AUS        ***
1305 N=10 :IF S=3 OR Z=3 THEN N=5
1310 DX=(X(Z)-X(S))/N
1315 DY=(Y(Z)-Y(S))/N
1320 FOR L=0 TO N
1325 PRINT LEFT$(Z$,20-(Y(S)+L*DY));LEFT$(S$,15+X(S)+L*DX);RIGHT$(STR$(J),1
1330 NEXT L
1335 RETURN
```

Bild 8.47 BASIC-Programm: "LEIF"

gesehen ist und es sich noch nicht um die letzte Strecke handelt, muß die Situation an diesem Knoten überprüft werden. Wurde er noch nicht berührt, ist er als Ziel zulässig, sonst darf er jetzt nicht angesteuert werden. In diesem Fall der Ablehnung läßt man einfach zum aktuellen Startknoten S die zufallsgesteuerte Zielauswahl wiederholen. Dabei wird bald ein anderes Ziel ausgesucht werden.

Die genannte Prüfung löst das Problem noch nicht völlig. Sehen Sie schon die restliche Lücke im Programm? Falls nicht, könnten Sie Ihr Programm entsprechend erweitern und wieder testen. Es wird manchmal versagen, wenn auch seltener als zuvor. Dabei handelt es sich um die Wege

1, 2, 5, 4, 1 und
1, 3, 5, 2, 1 .

Sie könnten nur zum Knoten 5 fortgesetzt werden, was nach der vorerwähnten Prüfung aber verboten ist. Der letzte Fehler liegt darin, daß in beiden genannten Wegen die 4. Strecke zum Knoten 1 geführt wird. Damit ist man in einer Sackgasse gelandet. Es könnte nur noch Knoten 5, aber nicht mehr der fehlende obere Teil des Hauses erreicht werden. Also muß zusätzlich diese Sackgassensituation abgeprüft und in der oben beschriebenen Weise geheilt werden. Wir verzichten auf die Änderung des Struktogramms und verweisen auf das BASIC-Programm in Bild 8.47.

8.12 Unterhaltungsprogramm ‚ARNE'

In diesem Abschnitt soll ein Frage- und Antwortprogramm vorgestellt werden (ARNE = Altes reproduzieren, Neues einordnen). Dem Programm werden Objekte und ihre Eigenschaften eingegeben. Bei Vorgabe von Eigenschaften kann das Programm dann passende Objekte heraussuchen. Zur Wahrung der Eindeutigkeit kann es erforderlich sein, Eigenschaften nachzutragen. Das Programm lernt also im Laufe der Zeit hinzu.

Objekte und Eigenschaften könnten z.B. sein:

Kreis:	rund
Kugel:	rund, Volumen
Hund:	Tier, 4 Beine
Stuhl:	Sache, 4 Beine
Sessel:	4 Beine, bequem

Es soll völlig frei bleiben, welche Kategorien von Eigenschaften herangezogen werden. Gefordert wird nur, daß verschiedene Objekte nicht in allen ihren Eigenschaften übereinstimmen. Einzelne Eigenschaften dürfen hingegen mehrfach auftreten.

Bei der Suche von Objekten sollen Eigenschaften vorgegeben werden, z.B: „4 Beine", und das Programm nennt ein zulässiges Objekt. Der Benutzer kann sich weitere zulässige Objekte zeigen lassen, die Vielfalt einschränken durch die Vorgabe weiterer Eigenschaften oder den Suchprozeß beenden.

Bei der Neueingabe von Objekten soll wahlweise mit den Eigenschaften oder dem Objektnamen begonnen werden dürfen. Beim Löschen soll gleichgültig sein, auf welchem Weg ein Objekt identifiziert wurde.

Nach diesem groben Abriß ist erkennbar, daß mindestens folgende Leistungen erbracht werden müssen:

Eingabe von Objekten
Anzeige bekannter Objekte
Suche von Objekten
Ergänzen von Eigenschaften
Löschen von Objekten

Die entsprechenden Programmteile dürfen aber nicht in jedem Fall ausgeführt werden. Abweichend von den anderen Demonstrationsbeispielen ist es hier gar nicht möglich, eine Ausführungsreihenfolge festzulegen. Eine starr programmierte Steuerung ginge an der Zielsetzung vorbei. Vielmehr muß das Programm so gestaltet werden, daß der Benutzer entscheidet, welcher Programmteil als nächster ausgeführt wird.

Derartige Steuerungen können in Menütechnik realisiert werden. Das Programm zeigt dem Benutzer jeweils die möglichen Wege auf, und dieser wählt einen aus. Wir werden dieses Prinzip anwenden, aber den Dialog mit dem Benutzer sehr knapp halten. Das Programm trifft einen Teil der Steuerungsentscheidungen selbständig, was den Benutzer entlastet. Das birgt natürlich die Gefahr, daß manchmal ein anderer Programmast angewählt wird, als der Benutzer erwartet. Daher wird ihm bei allen Eingaben eine Art Vetorecht eingeräumt. Durch die Eingabe eines speziellen Steuerungszeichens, wir nehmen dafür das Zeichen „↑“, kann jeder Programmteil verlassen werden.

Wir gliedern das Programm in drei größere Blöcke. Im ‚E-Block‘ werden eine oder mehrere Eigenschaften entgegengenommen. Der ‚O-Block‘ liest einen Objektnamen. Im ‚V-Block‘ verfügt der Benutzer über das aktuelle Objekt. Die Steuerung verteilen wir auf mehrere hierarchische Ebenen. Auf der obersten bieten wir die Möglichkeit, die Blöcke in der genannten Reihenfolge anzusteuern. Ob sie tatsächlich angesteuert oder übergangen werden, hängt von gewissen Bedingungen ab, die teils vom Benutzer, teils vom Programm gesetzt werden. Einen ersten Entwurf der Globalsteuerung zeigt Bild 8.48, Version a).

Der Benutzer kann das Programm verlassen („↑“), zur Eingabe von Eigenschaften („E“) oder des Objektnamens („O“) vorgehen. Der ‚V-Block‘ wird zu gegebener Zeit selbständig angesteuert.

Wir hatten bereits gesagt, die Steuerung auf verschiedene Ebenen verteilen zu wollen. Wir müssen den ersten Struktogrammentwurf daher so abwandeln, daß für die nachgeordneten Tätigkeiten Unterprogramme aufgerufen werden. Für die weitere Entwurfsarbeit ist jetzt zwingend notwendig, die Leistung der Unterprogramme und vor allem ihre Eingangs- und Ausgangsschnittstellen präzise zu beschreiben. Daneben empfiehlt sich bei Problemen der hier erörterten Größenordnung, die wesentlichen Variablen in einer Liste zusammenzustellen.

Aus den ersten Vorüberlegungen ergibt sich, daß Variable mit folgender Bedeutung nötig sind:

NO$ = aktueller Objektname
W$ = Eingabegröße

Wir wollen Objekte auch über ihre Eigenschaften ansprechen können. Daher sehen wir auch einen Stringarray für die Aufnahme dieser Angabe vor.

NE$( ) = Stringarray für aktuelle Eigenschaften
NE = Anzahl von Eigenschaften in NE$( ).

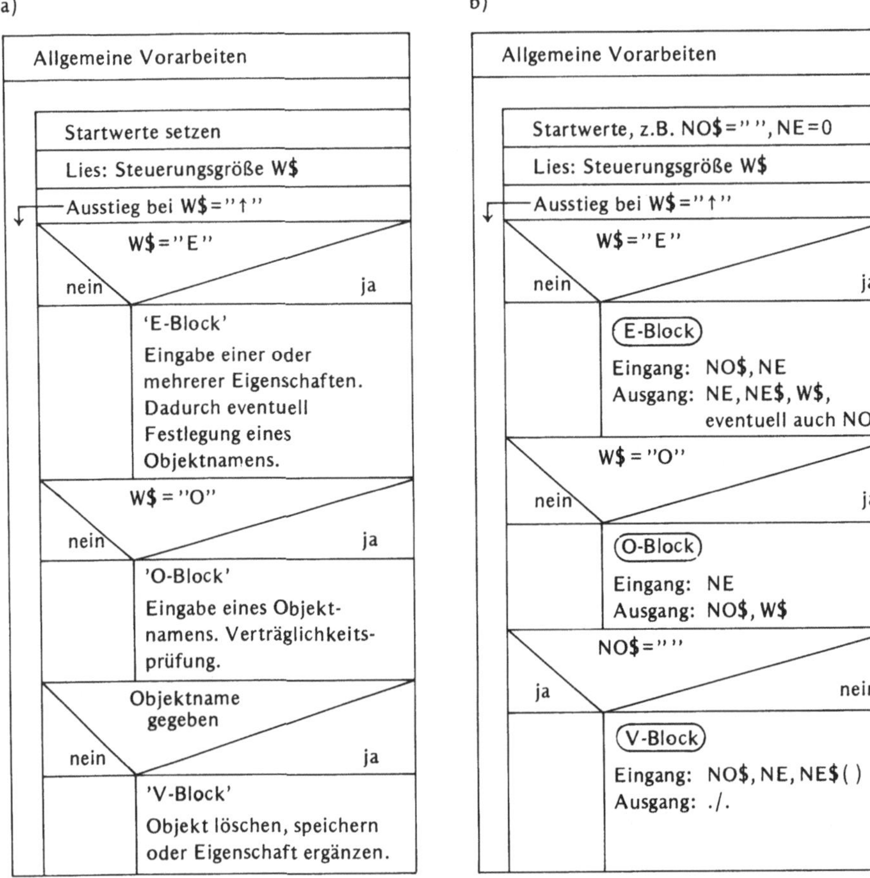

Bild 8.48 Steuerung für "ARNE"

Falls Eigenschaften vorgegeben werden, kann das Programm die dazu passenden Objekte einzeln zeigen. Der Benutzer muß jeweils entscheiden, ob das richtige Objekt gefunden wurde. Er kann die Suche aber auch abbrechen, um die genannten Eigenschaften einem neuen Objekt zuordnen zu können. Der betreffende Name soll im ‚O-Block' eingefragt werden. Daher muß im ‚O-Block' erkennbar sein, ob er direkt angewählt oder vorher der ‚E-Block' durchlaufen wurde.

Bei der Überarbeitung der Globalsteuerung stellen wir die Eingangs- und Ausgangsschnittstellen der Blöcke besonders heraus (Bild 8.48, Version b). Jedem Unterprogrammaufruf wird eine Bedingung vorangestellt. So lassen sich alle sinnvollen Ausführungssequenzen sicherstellen und die unsinnigen unterdrücken. Es ist nur darauf zu achten, daß beim Verlassen des ‚E'- und des ‚O-Blockes' die Variablen W$ und NO$ richtig gesetzt sind.

Als nächstes soll der ‚E-Block‘ näher erörtert werden. Er soll mehrere Eigenschaften entgegennehmen, um entweder nach einem passenden gespeicherten Objekt zu suchen oder um ein neues zu charakterisieren. Im statistischen Mittel wird wohl öfter gesucht als neu eingegeben werden, deshalb soll primär dieser Ast verwirklicht werden. Der Benutzer nennt eine Eigenschaft. Daraufhin zeigt das Programm ein dazu passendes Objekt. Der Benutzer muß auf mehrere Arten reagieren können:

- Bestätigen, daß das richtige Objekt gefunden wurde.
- Anzeige des nächsten, passenden Objektes fordern.
- Eine weitere Eigenschaft nennen.
- Den ‚E-Block‘ verlassen.

Um einen straff geführten Dialog zu erreichen, wird festgelegt, daß der Benutzer die nächste Eigenschaft ohne Vorankündigung eingibt. Die drei anderen Wege erreicht er durch Eingabe spezifischer Steuerzeichen anstelle der Eigenschaften. Es war schon vereinbart, daß mit „↑“ der Block verlassen wird. Zusätzlich wird festgelegt, daß „+“ bedeutet, das richtige Objekt gefunden zu haben, und mit „−“ die Suche fortgesetzt wird.

Nachdem das richtige Objekt gefunden wurde, soll zum Verfügungsblock weitergegangen werden. Wird der ‚E-Block‘ über das Zeichen „↑“ verlassen, soll mit dem ‚O-Block‘ fortgesetzt werden. Versuchen Sie, die Steuerung des ‚E-Blockes‘ darzustellen. Dabei sollte dort nur an einer Stelle gelesen werden.

DENKPAUSE

Im Zentrum Ihrer Lösung sollte eine Schleife stehen, die mit der Leseanweisung beginnt und verlassen wird, wenn „↑“ oder „+“ eingegeben wurden. In der Schleife ist danach ein weiteres Objekt anzuzeigen, wenn der Benutzer ein „−“ eingegeben hat. Alle andere Eingabe wird als Eigenschaft verstanden, in NE$ eingetragen, und das erste Objekt gezeigt, daß mit diesem erweiterten Katalog von Eigenschaften verträglich ist (Bild 8.49, Version a).

Ohne zu wissen, wie das Heraussuchen von passenden Objekten konkret erfolgt, kann dieser erste Entwurf kritisch durchleuchtet und verfeinert werden. Spielen Sie in Gedanken verschiedene Folgen von Eingabewerten durch und überlegen dabei, ob Problemfälle auftreten können.

DENKPAUSE

Schwachstellen eines Lösungsweges werden erkannt, wenn man sich in die Rolle eines böswilligen Programmbenutzers versetzt. Dieser kann zwar nur Eingaben liefern, tut das aber eventuell in einer unsinnigen Reihenfolge. Was passiert, wenn er mit „+“ beginnt, ohne zuvor Eigenschaften genannt zu haben? Ohne Vorgabe von Eigenschaften wurde kein Objekt gewählt, also kann NO$ unterhalb der Schleife keinen sinnvollen Wert bekommen. Wenn damit kein Objekt fixiert wurde, sollte anschließend nicht der ‚V-Block‘, sondern der ‚O-Block‘ angesteuert werden. Ähnlich muß verfahren werden, wenn zwar Eigenschaften genannt wurden, aber kein dazu passendes Objekt existiert.

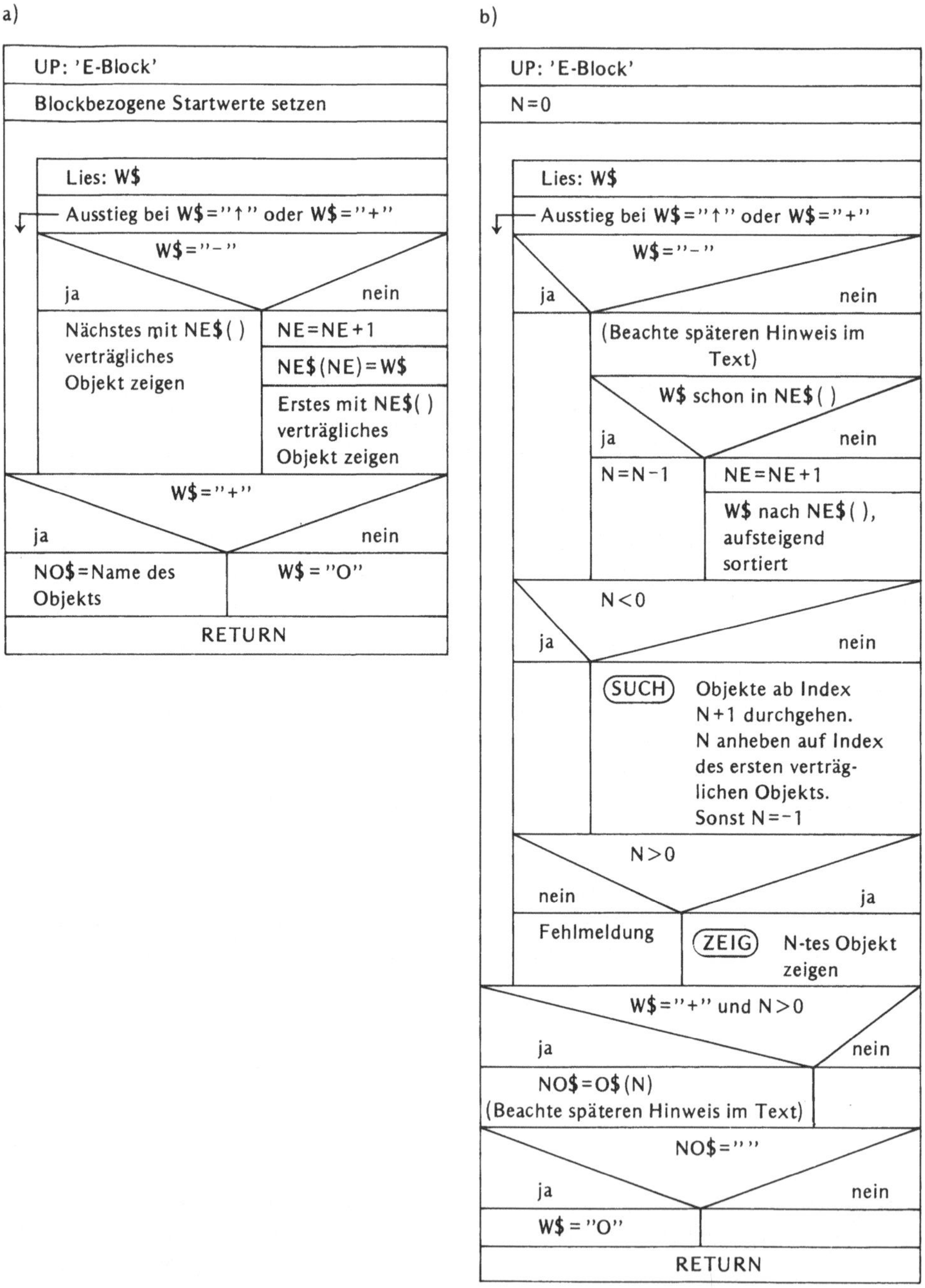

a)
UP: 'E-Block'
Blockbezogene Startwerte setzen
Lies: W$
Ausstieg bei W$="↑" oder W$="+"
W$="-"
ja
nein
Nächstes mit NE$( ) verträgliches Objekt zeigen
NE=NE+1
NE$(NE)=W$
Erstes mit NE$( ) verträgliches Objekt zeigen
W$="+"
ja
nein
NO$=Name des Objekts
W$ = "O"
RETURN
b)
UP: 'E-Block'
N=0
Lies: W$
Ausstieg bei W$="↑" oder W$="+"
W$="-"
ja
nein
(Beachte späteren Hinweis im Text)
W$ schon in NE$( )
ja
nein
N=N-1
NE=NE+1
W$ nach NE$( ), aufsteigend sortiert
N<0
ja
nein
SUCH
Objekte ab Index N+1 durchgehen. N anheben auf Index des ersten verträglichen Objekts. Sonst N=-1
N>0
nein
ja
Fehlmeldung
ZEIG
N-tes Objekt zeigen
W$="+" und N>0
ja
nein
NO$=O$(N)
(Beachte späteren Hinweis im Text)
NO$=""
ja
nein
W$ = "O"
RETURN

Bild 8.49 Eigenschaften entgegennehmen

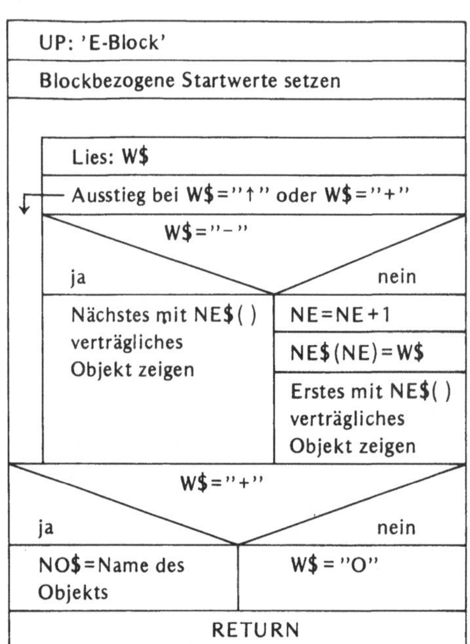

Zumindest um Laufzeit zu sparen, sollte auch erkannt werden, ob die Suche nach geeigneten Objekten noch Sinn hat. Wenn zu der Gesamtheit vorher genannter Eigenschaften kein Objekt paßt, würde nach Nennung einer weiteren Eigenschaft wiederum keines gefunden.

Etwas anders liegt die Situation, wenn der Benutzer mit den Objektanzeigen nicht einverstanden war und mit mehrfacher Eingabe von „–“ die eventuell geeigneten Objekte verbraucht hat. Hält man den Benutzer für fehlerfrei, braucht man hinfort nicht mehr zu suchen. Stellt man sich hingegen darauf ein, daß er versehentlich „–“ gegeben hat, wäre es konsequent, nach Nennung einer Eigenschaft, die Objekte wieder von vorn her durchzuprüfen.

Weiterhin sollte der Entwurf dahingehend überarbeitet werden, daß die Anzeige eines Objektes nur einmal auftritt. Die Objekte denken wir uns in einem Stringarray gespeichert. Durch schrittweises Erhöhen eines Index N können sie der Reihe nach angesprochen werden. Verfeinern Sie das Struktogramm!

DENKPAUSE

Im Schleifenkörper müssen die Äste „nächstes Objekt zeigen“ und „weitere Eigenschaft einlagern“ umgestaltet werden. Falls W$ eine neue Eigenschaft enthält, wird diese in NE$( ) eingetragen. Hat der Benutzer eine Eigenschaft wiederholt, wird die Eingabe ignoriert.

Wir unterstellen, daß N auf das zuletzt gezeigte Objekt verweist. Also müssen nur die nachfolgenden überprüft und das erste mit NE$( ) verträgliche gezeigt werden. Die eben angesprochene Fehlersituation benötigt keine Sonderbehandlung, wenn N um 1 vermindert wird; denn dann wird bei der nachfolgenden Suche das zuletzt gezeigte Objekt erneut gefunden.

Wurde „–“ eingegeben, kann direkt zum Suchteil vorgerückt werden. Dieser beginnt mit der Frage, ob es Sinn hat zu suchen. Ein negatives N soll bedeuten, daß kein geeignetes Objekt gefunden werden kann und sich die Suche mithin erübrigt. N muß daher im Suchteil, z.B. auf –1 gesetzt werden, wenn bis zum letzten Objekt erfolglos gesucht worden ist. Wird hingegen ein geeignetes Objekt gefunden, muß N den entsprechenden Indexwert erhalten.

An den Suchteil schließt sich der Anzeigeteil an. Falls N positiv ist, wird das entsprechende Objekt gezeigt, andernfalls könnte ein Hinweis erfolgen, daß kein zu den genannten Eigenschaften passendes Objekt vorhanden ist.

Zu bedenken ist noch, daß N vor der Schleife den neutralen Startwert 0 bekommt, damit die allererste Suche beim 1. Objekt beginnt. Nach der Schleife wird der Name nur übernommen, wenn ein Objekt gefunden wurde (N>0) und der Benutzer dieses als korrekt eingestuft hat (W$= "+") (Bild 8.49, Version b).

Der Suchteil wurde als Unterprogramm konzipiert, weil auch ohne Festlegung der Details schon erkennbar ist, daß er nicht besonders kurz sein wird. Im übrigen wird global gesehen nur vorwärts gesucht. Will man dem Benutzer in der oben erläuterten Form entgegenkommen und nach Eingabe einer Eigenschaft wieder vom Anfang her suchen, müßte unmittelbar vor dem Aufruf von SUCH die Variable N auf 0 gesetzt werden, falls sie positiv war.

Bevor das SUCH-Unterprogramm konzipiert werden kann, muß die Form der Speicherung von Objekten und deren Eigenschaften festgelegt werden. Wir benutzen dazu eindimensionale und zweidimensionale Stringarrays. Die Objektnamen sollen auf O$( ) stehen, die Eigenschaften des L-ten Objekts O$(L) auf den Strings E$(L,1), E$(L,2), usw. Ihr Rechner wird diese Schreibweise kaum zulassen. Daher müssen Sie vor der Codierung den hier vorgestellten Lösungsweg auf die sprachlichen Möglichkeiten Ihres Rechners umformulieren.

Damit sich der Suchaufwand in Grenzen hält, unterstellen wir, daß die Eigenschaften zu jedem einzelnen Objekt O$(L) aufsteigend sortiert sind:

E$(L,1) <E$(L,2) < usw.

Analog speichern wir die aktuell genannten Eigenschaften aufsteigend in NE$( ):

NE$(1) < NE$(2) < usw.

Für das jeweils zu testende Objekt müssen diese beiden Folgen von Eigenschaften verglichen werden. Während dieses Vorganges müssen drei Situationen unterscheidbar sein. Wir führen dafür eine Variable F ein und vereinbaren folgende Bedeutung:

$$F = \begin{cases} -1 & \text{Objekt ist ungeeignet} \\ 0 & \text{Prüfung läuft noch} \\ 1 & \text{Objekt trägt alle verlangten Eigenschaften} \end{cases}$$

Die Suche wird mehrere ineinanderliegende Schleifen erfordern. In der äußeren werden noch zur Prüfung anstehende Objekte angesteuert. Entwerfen Sie zunächst diesen Teil des Struktogramms.

DENKPAUSE

Bild 8.50, Version a) zeigt Ihnen einen Lösungsvorschlag. Der angelieferte Index N verweist auf das letzte *erledigte* Objekt. Daher beginnt die Schleife mit der Erhöhung von N. Zu diesem Zeitpunkt ist das Ergebnis der Prüfung offen, so daß F den neutralen Wert 0 erhält. Falls weniger als N Objekte gespeichert sind, wird die Suche beendet. Ein Objekt mit den verlangten Eigenschaften wurde nicht gefunden, was über einen negativen Wert von N an das rufende Programm gemeldet werden sollte. Ergibt sich hingegen erstmalig ein geeignetes Objekt, wird das Suchprogramm mit dem zugehörigen Wert von N verlassen.

Nun muß der Vergleich der gespeicherten und der geforderten Eigenschaften näher durchleuchtet werden. Dabei sieht man die Forderungen als treibende Kraft. Die erste verlangte Eigenschaft wird auf N$ übertragen. Jetzt wird von vorn her mit den Eigenschaften des Objekts O$(L) verglichen. Liegt dort die Eigenschaft N$ vor, kann zur Prüfung der nächsten verlangten Eigenschaft vorgegangen werden, liegt sie nicht vor, ist das Objekt ungeeignet.

Dieser Prozeß kann mit zwei ineinanderliegenden Schleifen dargestellt werden. Unter Ausnutzung der Sortierfolge der Eigenschaften geht es aber auch in einer Schleife, in der bei Bedarf der Index I für die geforderten oder der Index J für die gespeicherten Eigenschaften erhöht wird. Versuchen Sie, diese Lösung zu realisieren.

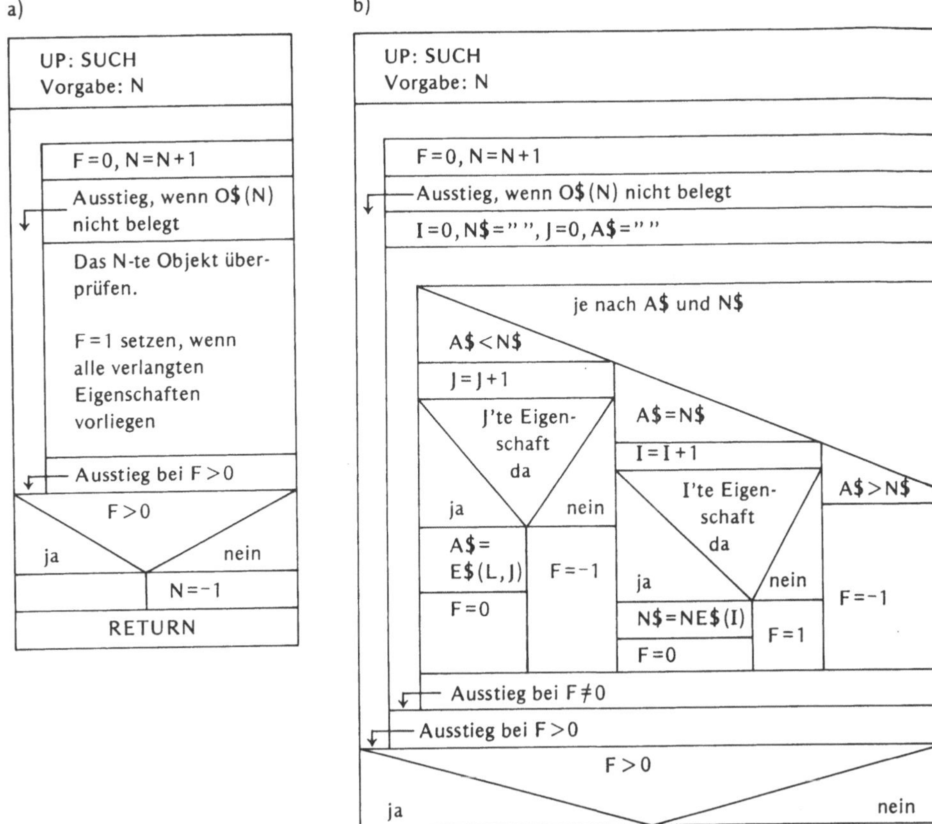

Bild 8.50 Suche des nächsten geeigneten Objekts

DENKPAUSE

Am besten geht man davon aus, eine geforderte Eigenschaft N$ und eine vorhandene A$ stimmten überein. Dann wird I erhöht, d.h. zur nächsten Forderung vorgerückt. Waren alle Forderungen abgearbeitet, setzt man F = 1, sonst werden N$ verändert und F = 0 gesetzt. N$ wird dadurch größer. Daher muß auf dem Ast A$ < N$ zur nächsten gespeicherten Eigenschaft vorgegangen werden. Existiert keine mehr, ist dieses Objekt nicht geeignet, weil es die Eigenschaft N$ nicht trägt. Dafür wird F = –1 gesetzt. Andernfalls werden A$ erneuert und F = 0 gesetzt. Auf dem Ast A$ > N$ wird die Suche mittels F = –1 auch abgebrochen, weil die Eigenschaft N$ wegen der Sortierfolge nicht vorkommt.

Um diesen Kontrollprozeß richtig zu starten, müssen A$ und N$ vor der Schleife gleich sein und kleiner als die echten Eigenschaften (Bild 8.50, Version b).

Wenden wir uns dem ‚O-Block' zu! Er kann direkt vom Anfang her oder nach Durchlaufen des ‚E-Blocks' angesteuert werden. Im ersten Fall (NE = 0) soll ein vorhandenes Objekt gezeigt, im zweiten (NE > 0) der (neue!) Objektname zu einer Gruppe von zuvor genannten Eigenschaften definiert werden. Im zweiten Fall, wenn also der Benutzer zunächst eine Reihe von Eigenschaften gegeben und hier einen Objektnamen zugeordnet hat, soll offenbar ein neues Objekt gespeichert werden.

Der Autor hat an dieser Stelle eine Zeitlang erwogen, das ursprüngliche Konzept leicht abzuwandeln, bei dem die Speicherung im ‚V-Block' erfolgen sollte. Sie kann doch in den ‚O-Block' verlegt werden, wenn hier die Absicht zur Speicherung eines Objekts erkannt ist. Schließlich fiel die Entscheidung aber doch zugunsten des alten Konzepts. Welche Gründe können dazu geführt haben, den Vorgang des Speicherns von Objekten im ‚V-Block' zu belassen?

DENKPAUSE

Einige denkbare Antworten sollen hier kommentiert werden.

1. Die Aufgabenverteilung wurde oben festgeschrieben und ist daher kein Diskussionsthema mehr. Es gibt keine wirklich *zwingenden* Gründe, sie zu verändern.

   Kommentar: Diese Haltung ist grundsätzlich richtig. Getroffene Entscheidungen dürfen nicht ständig zur Disposition gestellt werden, weil das den Fortgang der Arbeit stark hemmt. „Grundsätzlich" heißt aber keineswegs „immer". Nur muß die Reizschwelle entsprechend hoch liegen. Wenn Fehler entdeckt wurden, muß das Konzept doch auch geändert werden. Warum soll das nicht möglich sein, wenn im Zuge der Bearbeitung erkannt wird, daß eine geringfügige Konzeptänderung einen massiven Vorteil bringt? Hier brächte die Verlagerung jedoch keinen spürbaren Nutzen. Es würde nur zum frühestmöglichen Zeitpunkt archiviert.

2. Speichern und Löschen eines Objektes sind zwei einander entsprechende, entgegengesetzte Vorgänge. Der Benutzer verfügt beide Male über das aktuelle Objekt. Das ursprüngliche Konzept wird dieser Situation gerecht. Einen Teil zu verlagern bedeutet Inkonsequenz bei der Gliederung des Programms.

   Kommentar: Die Beachtung dieses oder ähnlicher Ordnungsprinzipien beim ersten groben Entwurf von Lösungswegen führt am ehesten zu übersichtlichen Programmen. Pedanterie ist nicht nötig. Rein formale Richtlinien (z.B. kein Unterprogramm darf mehr als 50 Zeilen umfassen) werden auch leichter zu einer Belastung als zu einer Hilfe. Anzustreben ist ein am aktuellen Problem orientiertes Ordnungsprinzip. Dieses läßt sich bei Bedarf leicht rekonstruieren und z.B. auch bei späteren Programmerweiterungen durchhalten.

3. Das Speichern eines Objektes ist kein untergeordneter Vorgang. Die Menge aller gespeicherten Sätze muß einigen Nebenbedingungen genügen, Prüfungen auf Eindeutigkeit sind nötig. Diese müssen wahrscheinlich auch in anderen Teilen des ‚V-Blocks' durchgeführt werden. Die Beibehaltung des ursprünglichen Konzeptes könnte ein kürzeres

Programm ergeben, zumindest aber ist eine bessere Programmstruktur zu erwarten.
Kommentar: Diese mehr inhaltliche Begründung gab letztlich den Ausschlag.

Wenn Sie Ihren ‚O-Block‘ in diesem Sinne entwerfen, müssen Sie auch überlegen, wie dem ‚V-Block‘ mitgeteilt werden kann, ob ihm ein neues oder ein altes Objekt vorgelegt wird. Beachten Sie, daß der ‚O-Block‘ eventuell übergangen wird. Versuchen Sie Ihr Glück!

DENKPAUSE

Der ‚V-Block‘ wird angesteuert, wenn ein Name NO$ gegeben ist. Daher löschen wir im ‚O-Block‘ zunächst diesen Namen; denn schließlich soll der Benutzer auch hier anstelle des Namens wieder „↑“ eingeben und damit den ‚O-Block‘ verlassen können. Danach darf aber nicht der ‚V-Block‘ laufen.

Wird ein Objektname genannt, muß geprüft werden, ob dieser neu oder alt ist. Andererseits kann der Variablen NE angesehen werden, ob ein neues Objekt in Bearbeitung ist (NE>0) oder nicht. Die Lösung gliedert sich also in zweimal 2 Wege. Die Hälfte davon bedeutet eine Fehlersituation, der Benutzer soll die Eingabe wiederholen. Auf den anderen wird NO$ gesetzt (Bild 8.51) und der ‚O-Block‘ verlassen.

Im ‚O-Block‘ konnte über den Wert von NE erkannt werden, ob ein neues Objekt beschrieben wird. In gleicher Weise könnten wir die Entscheidung im nachfolgenden ‚V-Block‘ treffen. Da dieser Block auch unmittelbar vom ‚E-Block‘ angesteuert werden kann, muß geprüft werden, ob das Kriterium „NE>0 bedeutet neues Objekt“ dann auch

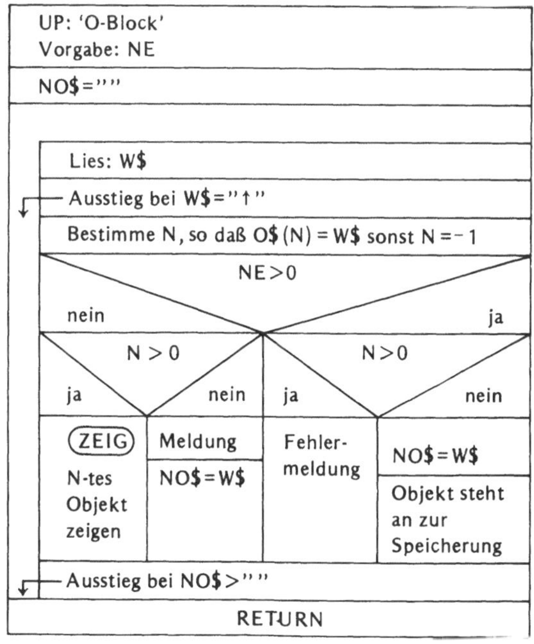

Bild 8.51
Bearbeitung des Objektnamens

Gültigkeit hat. Wenn Sie sich den „+"-Ausgang im ‚E-Block' daraufhin wieder ansehen, stellen Sie eine Kollision fest. Dort kann nach Nennung von Eigenschaften (d.h. NE > 0) mit „+" ein existierendes Objekt angewählt werden. Daher muß bei der Zuweisung des Objektnamens an NO$ auch NE = 0 gesetzt werden. Alternativ kann ein altes Objekt an N > 0 erkannt werden. Dann muß am Beginn der Globalsteuerung auch N = 0 gesetzt werden. Doch nun zum Aufbau des ‚V-Blocks'!

Neue Objekte sollen gespeichert werden, ohne daß der Benutzer einen entsprechenden Hinweis gibt. Zu vorhandenen Objekten soll man Eigenschaften nachmelden können. Beim Speichern ist sicherzustellen, daß kein Objektname doppelt auftritt und nicht zu einer Gruppe von Eigenschaften verschiedene Objektnamen vergeben werden können.

Die erstgenannte Eindeutigkeitsprüfung wurde schon im ‚O-Block' erledigt. Jetzt bleibt noch die Eindeutigkeitskontrolle der Eigenschaften. Falls die vorgelegte Gruppe von Eigenschaften schon existiert, soll ein entsprechender Hinweis und der zugehörige Objektname ausgegeben werden. Der Benutzer kann Eigenschaften ergänzen, bis Eindeutigkeit vorliegt. Wird diese nicht erreicht, darf ein neues Objekt nicht archiviert werden. Bei einem alten weist das Programm (hoffentlich) die ergänzten Eigenschaften ab. Daneben muß der Benutzer das aktuelle Objekt auch löschen können. Wie sieht das Struktogramm dafür aus?

DENKPAUSE

Im Hinblick auf das Ergänzen von Eigenschaften und die damit verbundene Veränderung von NE, merken wir uns anfangs auf einer Variablen nach Abfrage des angelieferten NE, ob ein neues oder ein altes Objekt bearbeitet wird. Im zweiten Fall werden NE$( ) und NE versorgt, was das weitere Programm verkürzt.

Es schließt eine Schleife an, damit mehrfach Eigenschaften ergänzt werden können. Die Schleife beginnt mit der Verträglichkeitsprüfung. Nachfolgend wird das alte Objekt überschrieben oder das neue ergänzt. In diesem Fall muß der Neu/Alt-Schalter auf Alt gesetzt werden, weil das bislang neue Objekt jetzt archiviert ist und keine Sonderstellung mehr einnimmt.

Danach kann der Benutzer eine Eigenschaft ergänzen, das Objekt löschen (mit „+" oder „–"; jedenfalls dürfen diese Zeichen nicht als Eigenschaften zugelassen werden) oder mit „↑" den ‚V-Block' verlassen. Man sollte spätestens jetzt merken, daß auf dem Ergänzungsast eine aus dem ‚E-Block' bekannte Situation vorliegt. Deshalb sehen wir das Unterprogramm ERG vor, das auch vom ‚E-Block' her gerufen werden soll. Auf dem Löschungsast ist nur etwas zu tun, wenn das Objekt schon gespeichert war (Bild 8.52).

Bei dem später angegebenen Programm ist der Löschungsast etwas anders formuliert. Wegen der damit verbundenen Tragweite wird der Benutzer noch einmal gefragt, ob er wirklich löschen will. Erst wenn er mit „J" antwortet, erfolgt das Löschen.

Diese Variante muß wohl nicht in einem Struktogramm dargestellt werden. Ebenso wird auf die Detaillierung von ERG verzichtet; denn dieses Teilproblem deckt sich weitgehend mit dem Beispiel aus Abschnitt 8.5.

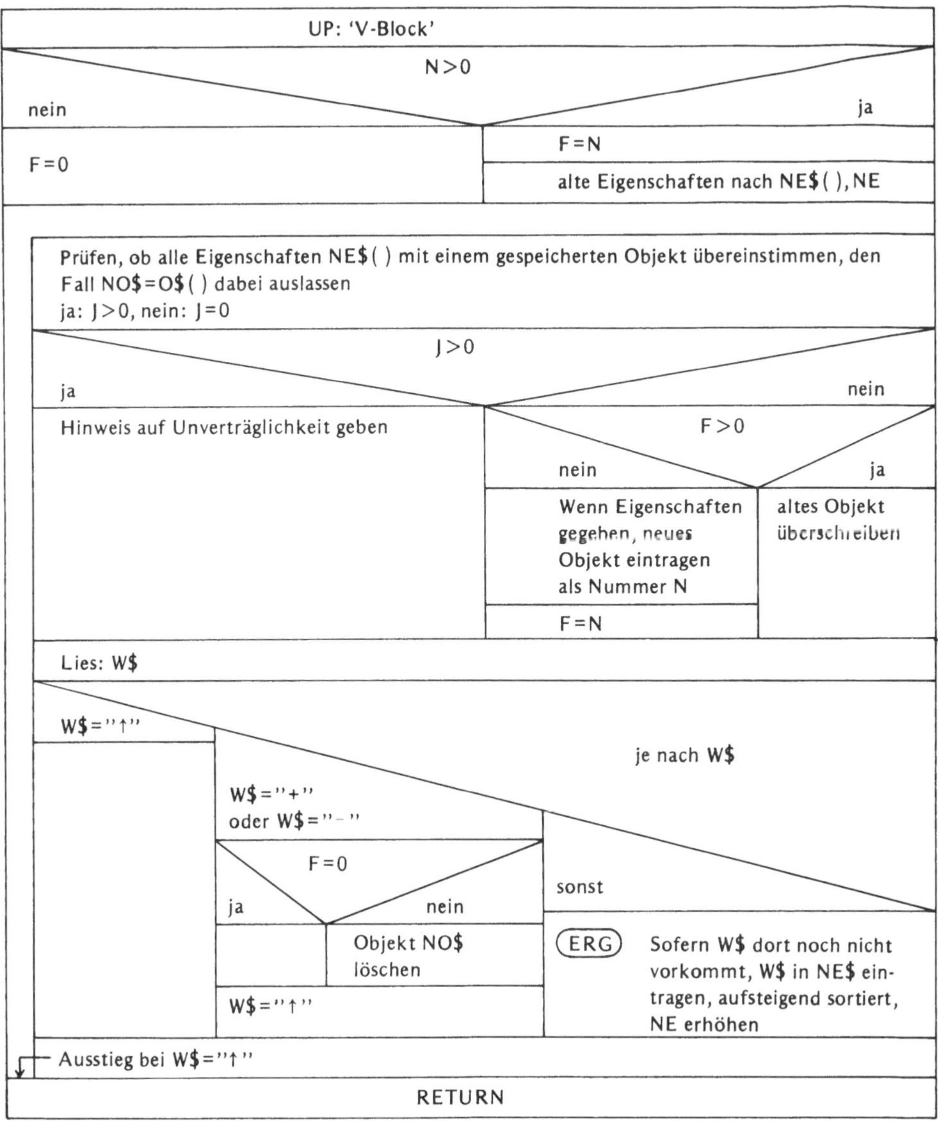

Bild 8.52 Verfügungsblock

Bild 8.53 zeigt eine BASIC-Version des Programms ‚ARNE'. Es läuft auf dem Commodore 64. Da dort keine Stringmatrizen existieren, weicht die Codierung etwas von den Struktogrammen ab. O$(N) enthält den Objektnamen und die Eigenschaften:

1	11		22		33	
O-Name	:	1. Eigenschaft	:	2. Eigenschaft	:	usw.

Die aktuellen Eigenschaften stehen in folgender Form in NE$:

1		12		23	
:	1. Eigenschaft	:	2. Eigenschaft	:	usw.

Hinter den echten Objekten wird ein Endesatz O$( ) = „@@@@@@@@@@@" geführt. Auf NE wird verzichtet, weil der Füllstand von NE$ jederzeit über die LEN-Funktion erfragt werden kann.

Um nicht immer wieder in der Stunde Null anfangen zu müssen, wird am Anfang und am Ende die Möglichkeit geboten, Objekte von einer Diskette einzulesen bzw. dorthin zu schreiben.

Auch wenn Sie an diesem Frage- und Antwortspiel kein Interesse haben, sollten Sie sich die Codierung der Lesevorgänge ansehen. Das angewendete Prinzip ist sofort auf andere Programme übertragbar, es kann wohl auch noch verfeinert werden.

Wer ein Programm benutzen will, weiß oft nicht genau, was er als nächstes tun darf bzw. muß. Deshalb sollte das Programm den Benutzer führen. Diese haben aber einen unterschiedlichen Kenntnisstand, so daß man für den einen vielleicht zuviel und für den anderen zuwenig Anleitung gibt. Ein guter Ausweg ist, freiwillig eine knapp formulierte Erläuterung zu zeigen. Zusätzlich wird eine ‚HELP-Funktion' geboten, über die der Benutzer eine ausführliche Erklärung bekommt. In unserem Beispiel geschieht das nach Eingabe von ‚H'.

```
10 REM ***          ' A R N E '        ***
20 DIM O$(200)
70 REM VORBEHANDLUNG
80 O$(1)="@@@@@@@@@@@"
90 GOSUB 7000
100 REM ***  GLOBALSTEUERUNG  ***
110 N0$="": NE$="": N=0
120 INPUT" ↑, E, O, H ";W$
121 IF W$<>"H" THEN 130
122 PRINT "SIE KOENNEN AUFHOEREN (↑), DIE EINGABE"
123 PRINT "VON EIGENSCHAFTEN (E) ODER DIE EINGABE"
124 PRINT "EINES OBJEKTNAMENS (O) ANSTEUERN."
125 GOTO 120
130 IF W$="↑" THEN 500
140 IF W$="E" THEN GOSUB 1000
200 IF W$="O" THEN GOSUB 2000
300 IF N0$<>"" THEN GOSUB 3000
400 GOTO 100
500 REM NACHBEHANDLUNG
510 INPUT "WIRKLICH AUFHOEREN = J ";W$
520 IF W$<>"J" THEN 100
530 GOSUB 7100
600 END
```

Fortsetzung Bild 8.53

```
1000 REM *****   'E-BLOCK'   *****
1010 W$="": INPUT " ↑, +, -, H, EIGENSCHAFT ";W$
1020 IF W$<>"H" THEN 1100
1021 PRINT "DURCH NENNUNG VON EIGENSCHAFTEN KOENNEN"
1022 PRINT "SIE VORHANDENE OBJEKTE ANZEIGEN LASSEN"
1023 PRINT "ODER NEUE KENNZEICHNEN."
1024 PRINT "MIT (+) BESTAETIGEN SIE EIN GEZEIGTES"
1025 PRINT "OBJEKT ALS RICHTIG, MIT (-) LASSEN SIE"
1026 PRINT "DAS NAECHSTE ZU DEN EIGENSCHAFTEN"
1027 PRINT "PASSENDE OBJEKT ZEIGEN."
1028 PRINT " MIT (↑) SETZEN SIE DAS PROGRAMM FORT."
1029 GOTO 1000
1100 IF W$="↑" OR W$="+" THEN 1300
1120 IF LEN(W$)>0 AND W$<>"-" THEN GOSUB 5000
1130 IF N >=0 THEN GOSUB 5500
1140 IF N>0 THEN 1170
1150 PRINT "KEIN PASSENDES OBJEKT DA"
1160 GOTO 1180
1170 GOSUB 6000
1180 GOTO 1000
1300 IF W$="+" AND N>0 THEN N0$=LEFT$(O$(N),10): NE$=""
1310 IF N0$="" THEN W$="O"
1320 RETURN
2000 REM *****   'O-BLOCK'   *****
2010 N0$=""
2100 W$="↑":INPUT " ↑, H, OBJEKTNAME";W$
2101 IF W$<>"H" THEN 2110
2102 PRINT "FALLS SIE ZUVOR EIGENSCHAFTEN NANNTEN,"
2103 PRINT "GEBEN SIE EINEN NEUEN OBJEKTNAMEN,"
2104 PRINT "SONST IST EIN NEUER ODER ALTER NAME"
2105 PRINT "ERLAUBT.  MIT (↑) KOENNEN SIE DAS"
2106 PRINT "PROGRAMM FORTSETZEN."
2109 GOTO 2100
2110 IF W$="↑" THEN 2290
2120 N=0: W$=W$+"          ": W$=LEFT$(W$,10)
2130 N=N+1: A$=LEFT$(O$(N),10)
2140 IF A$="@@@@@@@@@@"THEN N=-1: GOTO 2160
2150 IF A$<>W$ THEN 2130
2160 IF LEN(NE$)>1 THEN 2200
2170 IF N>0 THEN GOSUB 6000: N0$=LEFT$(O$(N),10): GOTO 2250
2180 PRINT "OBJEKT ";W$;" EXISTIERT NICHT"   : N0$=W$
2190 GOTO 2250
2200 IF N<=0 THEN N0$=W$: GOTO 2250
2210 PRINT "OBJEKT ";W$;" SCHON BELEGT"
2250 IF N0$="" THEN 2100
2290 RETURN
3000 REM *****   'V-BLOCK'   *****
3010 IF N<=0 THEN F=0: GOTO 3100
3030 F=N  : NE$=MID$(O$(N),11,250)
3100 N=0: J=0
3110 N=N+1
3120 A$=LEFT$(O$(N),10)
3130 IF A$="@@@@@@@@@@" THEN 3170
3140 IF A$=N0$ THEN 3110
3150 IF MID$(O$(N),11,250)<>NE$ THEN 3110
3160 J=N
3170 IF J>0 THEN PRINT "GLEICHE EIGENSCHAFTEN BEI OBJEKT ";A$ : GOTO 3250
3180 REM  TABELLE O$( ) AUF 100 ELEMENTE AUSGELEGT
3190 IF F=0 AND LEN(NE$)>1 AND N<100 THEN F=N: N=N+1: O$(N)=O$(F)
3200 IF F>0 THEN O$(F)=N0$+NE$
3250 W$="↑": INPUT " ↑, -, H, NEUE EIGENSCHAFT";W$
```

Fortsetzung Bild 8.53

```
3251 IF W$<>"H" THEN3260
3252 PRINT "SIE KOENNEN EIGENSCHAFTEN ERGAENZEN,"
3253 PRINT "DAS OBJEKT LOESCHEN (- ODER +), ODER"
3254 PRINT "MIT (↑) DAS PROGRAMM FORTSETZEN."
3259 GOTO 3250
3260 IF W$="↑" THEN 3350
3270 IF W$<>"+" AND W$<>"-" THEN GOSUB 5000: GOTO 3350
3280 INPUT "WIRKLICH LOESCHEN = J ";W$
3290 IF W$<>"J" THEN 3250
3300 IF F=0 THEN 3340
3310 F=F+1: O$(F-1)=O$(F)
3320 IF LEFT$(O$(F),10)<>"@@@@@@@@@@"THEN 3310
3330 O$(F)=""
3340 W$="↑"
3350 IF W$<>"↑" THEN 3100
3390 RETURN
5000 REM        'ERG'
5010 N$="": W$=W$+"          ": W$=LEFT$(W$,10)
5020 J=LEN(NE$)-9
5030 IF J<2 THEN 5100
5040 FOR I=J TO 2 STEP -11
5050 A$=MID$(NE$,I,10)
5060 IF A$<W$ THEN 5110
5070 IF A$=W$ THEN 5130
5080 N$=":"+A$+N$
5090 NEXT I
5100 I=-9
5110 NE$=LEFT$(NE$,I+9)+":"+W$+N$
5120 GOTO 5150
5130 REM FUER 'E-BLOCK' NEUES N NOETIG
5140 N=N-1
5150 RETURN
5500 REM        'SUCH'
5510 F=0:N=N+1
5520 IF LEFT$(O$(N),10)="@@@@@@@@@@" THEN 5680
5530 I=-9: N$="": J=1: A$=""
5550 IF A$>=N$ THEN 5600
5560 J=J+11
5570 IF J>LEN(O$(N)) THEN F=-1: GOTO 5660
5580 A$=MID$(O$(N),J,10): F=0: GOTO 5660
5600 IF A$>N$ THEN F=-1: GOTO 5660
5620 I=I+11
5630 IF I>LEN(NE$) THEN F=1: GOTO 5660
5640 N$=MID$(NE$,I,10): F=0
5660 IF F=0 THEN 5550
5670 IF F<=0 THEN 5500
5680 IF F<=0 THEN N=-1
5690 RETURN
6000 REM        'ZEIG'
6010 PRINT :PRINT "OBJEKTNAME = ";LEFT$(O$(N),10)
6020 PRINT "EIGENSCHAFTEN : "
6030 J=1
6040 J=J+11
6050 IF J>LEN(O$(N)) THEN 6070
6060 PRINT MID$(O$(N),J,10) : GOTO 6040
6070 PRINT
6080 RETURN
```

Fortsetzung Bild 8.53

```
7000 REM       LESEN DATEI
7010 INPUT "OBJEKTE VON DISKETTE LESEN = J ";W$
7020 IF W$<>"J" THEN 7090
7030 OPEN 2,8,2,"OBJEKTE,S,R" :N=0
7040 N=N+1: INPUT#2,O$(N)
7050 IF LEFT$(O$(N),10)<>"@@@@@@@@@@"THEN 7040
7060 CLOSE 2
7090 RETURN
7100 REM       SCHREIBEN DATEI
7110 INPUT "OBJEKTE NICHT AUF DISKETTE SCHREIBEN = N ";W$
7120 IF W$="N" THEN 7190
7130 OPEN 2,8,2,"@:OBJEKTE,S,W" :N=0
7140 N=N+1: PRINT#2,CHR$(34);O$(N);CHR$(34);CHR$(13);
7150 IF LEFT$(O$(N),10)<>"@@@@@@@@@@"THEN 7140
7160 CLOSE 2
7190 RETURN
```

Bild 8.53 BASIC-Programm: "ARNE"

Literaturverzeichnis

[1] *Bartsch, H.-J.:* Mathematische Formeln. Buch- und Zeitverlag, Köln, 1980

[2] *Becker, J., Dreyer, H.-J, ... :* Numerische Mathematik für Ingenieure. Teubner-Verlag, Stuttgart, 1977

[3] *Böckmann, H.-G.:* Umdenken bei Struktogrammen. Angewandte Informatik (8/82)

[4] *Dijkstra, E. W.:* GOTO Statement Considered Harmful. CACM (11/1968)

[5] *Dworatschek, S.:* Grundlagen der Datenverarbeitung. De Gruyter Verlag, Berlin, New York, 1977

[6] *Friedrich, W.:* Tabellenbuch für Bau- und Holzgewerbe. Dümmler-Verlag, Bonn, 1974

[7] *Gieck, K.:* Technische Formelsammlung. Gieck-Verlag, Heilbronn, 1981

[8] *Jordan, W., Urban, H.:* Strukturierte Programmierung. Springer-Verlag, Berlin, 1978

[9] *Kastner, G.:* Eine Verbesserung der Struktogramm-Symbole. Angewandte Informatik (2/1981)

[10] *Nassi, I., Shneidermann, B.:* Flowchart Techniques for Structured Programming. SIGPLAN Notices, Vol. 8 (1973)

[11] *Wolters, M. F.:* Der Schlüssel zum Computer. Rowohlt, Reinbek, 1974

Sachwortverzeichnis